KB219344

생각한다는 것

그리스도인으로 생각하며 살아가기

생각한다는 것

지은이 | 강영안
초판 발행 | 2024. 7. 24
등록번호 | 제 1988-000080호
등록된 곳 | 서울특별시 용산구 서빙고로 65길 38
발행처 | 사단법인 두란노서원
영업부 | 2078-3333   FAX | 080-749-3705
출판부 | 2078-3331

책값은 뒤표지에 있습니다.
ISBN 978-89-531-4875-8 03230

독자의 의견을 기다립니다.
tpress@duranno.com   www.duranno.com

두란노서원은 바울 사도가 3차 전도여행 때 에베소에서 성령 받은 제자들을 따로 세워 하나님의 말씀으로 양육
하던 장소입니다. 사도행전 19장 8-20절의 정신에 따라 첫째 목회자를 돕는 사역과 평신도를 훈련시키는 사역,
둘째 세계선교(TIM)와 문서선교(단행본·잡지) 사역, 셋째 예수문화 및 경배와 찬양 사역, 그리고 가정·상담 사역 등을
감당하고 있습니다. 1980년 12월 22일에 창립된 두란노서원은 주님 오실 때까지 이 사역들을 계속할 것입니다.

생각
한다는 것

강영안 지음

그리스도인으로
생각하며
살아가기

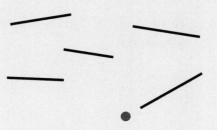

두란노

차례

1장

생각하지 않으면
무슨 일이
일어나는가?

사람답게 살기 위해
생각하기를 시작할 때

"나는 생각한다. 그러므로 나는 존재한다." 교육을 받은 사람이면 르네 데카르트(René Descartes)의 이 말을 모르는 사람이 없습니다. 신의 존재, 세계의 존재, 타인의 존재, 심지어 나의 존재조차 의심할 수 있다고 하더라도, 생각하고 있는 '나'의 존재는 의심할 수 없다는 말입니다. 데카르트는 "내가 생각하기 때문에 존재한다"고 말하는 것이 아닙니다. 만일 그랬더라면 나의 생각이 나의 존재의 원인이 될 것이고 나의 존재는 생각의 결과라고 해야 할 것입니다. "생각하는 것만이 존재한다"고 말하고자 한 것도 아닙니다. 그렇다면 생각하지 않는 것은 존재하지 않을 것이고, 내 앞에 있는 책상이나 태양 주위를 돌고 있는 지구는 존재하지 않을 것입니다. 왜냐하면 이것들은 공간을 차지하는 물체이고 따라서 공간 안에 존재하지만 생각하지는 않기 때문입니다.

데카르트는 이렇게 말하고자 했습니다. "내 주변에 있는 모든 것을 나는 의심할 수 있다. 저 멀리 보이는 도시, 산, 나무, 사람, 심지어는 신과 나조차도 실제로 존재하는 것이 아니라 상상이나 허구일 수도 있지 않은가? 그런데 이렇게 의심하는 나는 지금 의심하는 행위를 통해서 생각하고, 생각하는 나는 적어도 지금, 여기서, 이렇게 생각하는 동안, 이 활동을 하는 동안은 존재한다. 나는 지금 생각한다. 그러므로 나는 지금 존재한다. 이 사실만은 확실하다. 이 사실로부터 나는 나에게 가능한 참된 지식을 순서를 따라 차근히 찾아 나설 수 있다."

지금 여기에서 생각하는 나의 존재를 일단 확보한 다음, 데카르트는 신의 존재, 물질세계의 존재를 확보하는 방식으로 자신의 탐구를 진행합니다. 확실성을 얻어 보고자 했던 데카르트에게 '내가 생각한다'는 활동은 모든 다른 지식을 확보할 수 있는 출발점이 되어 주었습니다.

흔히들 데카르트의 이 사상이 중세와 구별되는 근대를 열었다고 이야기하지요. 근대 사상과 문화, 근대 사회의 핵심이 '생각하는 주체'에 있다고 보고 주체 사상의 문을 연 사람이 데카르트라 보기 때문이지요. 이러한 시각과 함께 생각한다는 것, 묻고 따지고, 탐구하고, 이를 통해서 앎을 얻게 되는 것은 믿음과는 대립된다는 생각이 어느새 자리 잡게 되었습니다. 믿음을 가지게 되면 아예 생각해서는 안 되고, 이렇게 저렇게 생각하면 마치 믿음을 배반하는 것처럼 죄의식을 가지게 되는 현상도 우리 주변에 생겨났습니다.

　시작을 너무 무겁게 한 것이 아닌가요? '생각한다'는 것을 생각해 보고자 하니, 가장 먼저 떠오르는 표현이 데카르트의 말입니다. 이 말이 자주 오해되기 때문에 좀 길게 이야기를 해 보았습니다.*

　그런데 생각해 보십시오. 우리 인간은 생각하지 않고서는 살 수 없는 존재입니다. 타인과 함께 살아가는 일상에서 우리는 수많은 선택을 합니다. 만일 내가 아무 생각도 하지 않는다고 해 보십시오. 그렇다면 나는 무엇을 먹을지, 오늘 무슨 일을 할지, 주어지는 일을 어떻게 해야 할지 아무것도 알 수 없고, 아무 결정도 할 수 없습니다.

　생각 없이는 삶이 가능하지 않습니다. 내가 만일 걷는다면 내가 어디로 가고 있는지 알아야 하고, 내가 만일 무슨 책을 읽는다면 내가 무엇에 관해서 읽고 있는지, 그 속에 담긴 내용이 무엇인지 알아야 합니다. 그렇게 하려면 생각해야 합니다. 생각하지 않고서는 내가 어디로 가는지 알 수 없고, 생각하지 않고서는 내가 무엇을 읽는지, 읽고 있는 내용이 무엇

* "나는 생각한다, 그러므로 나는 존재한다"를 좀 더 자세하게 설명한 글을 읽기 원하면 《강교수의 철학이야기》(IVP, 2000), 29-53을 보십시오. 좀 더 전문적인 논의가 필요한 분은 강영안, 《주체는 죽었는가: 현대철학의 포스트 모던 경향》, 2장 "데카르트의 코기토와 현대성"(문예출판사, 1998), 73-102를 보십시오.

인지 알 수 없습니다.

삶과 생각의 관계를 이렇게 본다면 생각은 삶을 이루는 모든 계기와 행동, 동작, 조건에 수반될 수밖에 없습니다. 생각 자체가 곧 나 자신은 아니라 하더라도 생각하지 않고서는 나 자신이 있을 수 없습니다. 생각 없이 나 자신의 존재, 나 자신의 삶이 가능하지 않다는 것은 나와 함께 사회를 형성하며 살아가는 타인에게도 적용됩니다. 그렇다면 생각 없이는 인간 사회도, 인간의 조직도 존재할 수 없다고 말할 수 있습니다. 의식, 기억, 회상, 욕구, 욕망, 기대, 소원, 반응, 이 모든 것은 타인과 함께 살아갈 때 생각이 가동되고 표출되는 모습들일 것입니다.

그렇다면 생각은 생존의 수단이기만 할까요? 가장 낮은 단계에서, 아마 거의 초보적인 '반응'(reflex)의 단계에서부터 사회 속에서 한 조직의 일원으로 살아가기 위한 단계에 이르기까지 생각은 생존을 위해서 없어서는 안 될 수단인 것은 틀림이 없습니다. 상황을 파악하고 행동을 취하는 데는 생각이 필수적이기 때문입니다. 전략을 고안하고 전술을 만들 때도 생각이 개입합니다. 생존을 위해서는 골똘히 생각하지 않을 수 없습니다.

그러나 그리스도인에게는 단순한 생존이나 성공이 삶의 목표가 아닙니다. 부름 받은 자로, 보냄 받은 자로, 예수 그리스도의 사랑을 받은 자로 이 세상을 생각하면서 사는 목적은 이 정체성에 따라 반응하고, 책임지는(responsible) 삶을 사는 것이라고 할 수 있습니다. 이렇게 살아가기 위해서는 온 세상을 구원하기 위해 자신을 비우시고 낮추시고 희생하신 그리스도와 하나 되는 삶이 형성되어야 합니다. 성육신하시고, 십자가에 달리시고, 부활하신 예수 그리스도와 하나 되지 않고서는 그리스도인이 그리스도인답게 생각하고 살아갈 수 없습니다. 우리 속에 예수 그리스도의 마음이 있어야 제대로 된 그리스도인의 생각을 품고, 자신을 낮추어 겸손하게 삶을 살아갈 수 있습니다.

세상 사람들 못지않게, 아니 오히려 그보다 더 그리스도인에게는 창의적인 생각이 필요합니다. 창의적 사고는 새로운 상황에 부딪혔을 때, 어떤 패착(敗着)의 상황에 처했을 때 방향을 찾고 문제를 해결하는 데 필요합니다. 예컨대 부부 사이 문제로 어려움에 처한 친구와 바둑을 둘 때에, 그 친구가 바둑을 이김으로 인해 힘을 얻을 수 있다면 설사 내가 이길 수 있을지라도 몰래 져 줄 수 있는 것처럼 말이지요. 친구를 위해서, 이웃을 위해서 나는 나 자신을 비우고 내려놓을 수 있습니다.

이렇게 나 자신을 비우는 것은 항복처럼 보입니다. 비록 져 주었다 하더라도 진 것이기 때문에 항복은 항복입니다. 그러나 이러한 항복은 살기 위해서, 힘이 없어서, 살아남기 위해서 하는 수 없이 한 항복과는 다른 종류의 항복입니다. 저의 선생님인 반 퍼슨(C. A. van Peursen) 교수는 이런 종류의 항복을 일컬어 "창조적 항복"(creative capitulation)이라 부릅니다.* 사람을 살리고 변화와 새로움을 가져오는 항복이기 때문입니다.

만일 우리의 생각이 "창조적 항복"에까지 나아간다면, 생각해야 하는 까닭이 반드시 생존 때문이라고만은 할 수 없습니다. 사람이 제대로 존재하고 제대로 사는 데는 생각이 빠질 수 없습니다. 내가 어디 있는지, 어디로 가는지 생각해야 합니다. 우리는 생각 없이 자연을 대하고, 환경을 대하고, 우리 자신을 대할 수 없습니다. 생각을 할 때 우리는 사리를 따져서 논리적으로 추론하고, 새로운 것을 궁리할 뿐 아니라, 내 주변과 환경과 타인의 삶과 나 자신의 삶을 돌아보고 쳐다보고 물어보고 마음을 쓰게 됩니다. 돌봄과 보살핌, 관심과 배려가 곧 생각함의 다른 이름입니다.

생각을 하게 되면, 생각을 끝까지 밀고 나가 보면 내 삶이 나의 산물이 아님을 알게 됩니다. 내 몸을 지탱해 주는 음식들을 보십시오. 이 가운데 내가 키운 것은 하나도 없습니다. 혹시 내가 농부라 하더라도 내가 먹는 것들이 모두 나의 소

---

* C. A. 반 퍼슨, 강영안 옮김, 《급변하는 흐름 속의 문화》(서광사, 1994), 295-97.

산은 아닐 것입니다. 남들이 애써 땀 흘려 가꾼 것들을 우리는 시장이라는 유통망을 통해 사 먹습니다. 누군가 말할 것입니다. "내 돈 내고 내가 사 먹는 것 아닌가요?"라고 말이지요. 생각해 보십시오. 내 돈이라는 게 사실 내 돈인가요? 제가 교수로서 학교로부터 임금을 받을 때 학생들의 등록금이나 국가의 지원 없이 가능할까요? 또 누군가는 이렇게 말할 것입니다. "당신이 일해서 받는 것 아닌가요?"라고 말이지요. 그렇습니다. 우리는 각자 일을 하고 임금을 받습니다. 이것이 사실이긴 하지만 "내가 일했다고 그만큼 받을 만한가요? 언제나 그것보다 더 많은 덤이 있는 것은 아닐까요?"라고 저는 묻겠습니다.

우리가 먹는 음식뿐만 아닙니다. 우리가 누워 자는 집, 이것들을 이루고 있는 벽돌과 흙과 돌, 그리고 여기에 투입된 타인의 땀과 노력, 심지어는 우리가 즐겨 읽는 책, 즐겨 듣는 음악, 우리의 가족, 우리의 친구, 이 모든 것이 우리의 노력에 비해 훨씬 크게, 훨씬 많이 우리에게 주어진 것이 아닐까요? 이 모두가 우리의 노력과 땀과 무관하지는 않지만, 결국은 우리가 투여한 것보다는 훨씬 많게, 훨씬 풍성하게 주어진 것이 아닐까요? 곰곰이 생각해 보면 이것들이 모두 우리에게 주어진 덤이고 선물임을 어떻게 부인할 수 있을까요? 만일 이렇게 생각을 밀어붙여 보면 나 자신은 결코 우주의 중심이 아닐 뿐 아니라 내 삶의 중심도 아니라는 깨달음을 얻게 됩니다.

생각이 여기까지 미치면 내가 할 수 있는 것은 오직 감사라고 할 수밖에 없습니다. 감사가 삶의 기본 마음이 되면 모든 일에 우리는 "아쁘레 부"(Après vous, "먼저 가십시오", "먼저 하십시오")라고 말할 수 있습니다. 에마뉘엘 레비나스(Emmanuel Levinas)는 이 말에 자신의 철학 전체가 담겨 있다고 얘기했습니다. 남을 먼저 생각하고 남을 환대하는 일이 내가 살아갈 때 무엇보다 염두에 두어야 할 일이라 본 것이지요.*

생각한다는 것은 사람이 사람답게 살기 위해서 자신이 누구인지, 어디 있는지, 누구와 관계를 맺을지, 무엇을 소중히 여길지, 누구를 어떻게 배려하면서 살아야 할지를 의식하고 깨닫고 길을 더듬어 찾아 걸어가기 위해서 꼭 필요한 활동입니다. 더구나 그리스도인들에게는 더 필요합니다. 생각을 생각하는 일이 쉽지는 않지만 같이 해 보면 훨씬 수월할 수 있습니다. 밥은 각각 스스로 떠먹어야 하지만 혼자 먹는 것보다는 다른 사람들과 함께 먹을 때 훨씬 즐겁고 맛있듯이, 생각도 함께 해 보면 훨씬 쉽고 재미있게 해낼 수 있습니다. 이제 함께 생각의 길을 걸어가 보지요.

* 이 부분에 대한 자세한 논의는 강영안, 《타인의 얼굴: 레비나스의 철학》(문학과 지성사, 2005)을 보십시오.

1장

생각하지 않으면 무슨 일이 일어나는가?

1

믿음과 생각은
서로 배척한다는 오해

: 반지성주의

그리스도인의 삶과 관련해서 가장 큰 오해 가운데 하나는 아마도 그리스도인은 생각하지 않아도 된다는 인식이 아닐까 합니다. 여러분은 이를 어떻게 생각하나요? 교회 설교 시간이나 성경 공부, 또는 소그룹 모임 시간에 가끔 이런 말을 듣지 않나요?

"생각하지 마세요."

"따지지 마세요."

"무조건 믿으세요."

"'아멘' 하세요."

이렇게 말한다고 해서 교회가 '무념무상'(無念無想)을 가르치지는 않습니다. '무념무상'은 불교인이 가장 원하는 삶의 경지입니다. 생각하지 않고, 무엇에 집착하지도 않고, 여기와 저기, 나와 너, 삶과 죽음을 둘로 나누어 보지 않고(不二), 주어진 그대로, 그야말로 있는 그대로 여여(如如)하게 받아들이는 삶을 불교에서는 '무념무상'으로 이해합니다. 그리스도교 신앙은 "이것과 저것이 둘이 아니오"라고 말하지 않습니다. 여기와 저기, 나와 너, 삶과 죽음, 복과 화, 죄의 상태와 은혜의 상태를 구별합니다. 그러면 생각하지 말고 따지지 말라는 이유가 무엇일까요?

믿음에 대한 오해가 가장 먼저 떠오르는군요. 소설가 춘원 이광수의 "금일 조선 예수교회의 결점"이란 글이 있습니다. 1917년, 그러니까 선교 30주년을 기념한 지 몇 년 채 되지 않을 때 이광수는 〈청춘〉이란 잡지에 두 편의 글을 기고합니다. 〈청춘〉 9호(1917년 7월)에 "예수교의 조선에 준 은혜"란 제목의 글을 먼저 실었습니다.* 여기서 그는 예수교가 조선 땅에 준 은혜를 서양 사정 알림, 도덕 진흥, 교육 보급, 여성 지위 향상, 조혼 폐지, 한글 보급, 사상의 자극, 개성의 발견, 이렇게 여덟 가지로 정리하여 기독교에 감사를 표시합니다.

이어서 이광수는 〈청춘〉 11호(1917년 9월)에 "금일 조선 예수교회의 결점"이란 두 번째 글을 싣습니다.** 결점을 말하는 의도는 예수교를 비난할 마음으로 하기보다는 좀 더 나은 미래를 위한 충고라고 이광수는 밝힙니다. 열거된 결점

---

* "이광수의 예수교의 조선에 준 은혜", 옥성득 교수의 한국 기독교 역사 참조. https://koreanchristianity.tistory.com/869?category=818313 [2023. 1. 4. 접속]
** "이광수의 금일 조선 예수교회의 결점", 옥성득 교수의 한국 기독교 역사 참조. https://koreanchristianity.tistory.com/870?category=818313 [2023. 1. 4. 접속]

은 네 가지입니다.

조선 예수교회의 결점은 무엇보다 계급적이라고 이광수는 지적합니다. 목사와 장로를 한편에 두고, 일반 성도를 다른 편에 두는 방식으로 교회 안에서 계급을 만들어 낼 뿐 아니라 교회 밖에서도 이렇게 계급이 있는 듯 행동한다는 것입니다. 두 번째가 교회 지상주의입니다. 교회를 마치 전부인 듯 내세우고 삶의 다른 영역, 이 가운데 특별히 학문과 지성을 무시하는 태도를 보인다고 봅니다. 세 번째로는 교회 지도자들이 무식할 뿐 아니라 신학 교육도 너무 허술하다는 지적을 하고 있습니다. 마지막으로 신앙 형태가 미신적이라고 이광수는 말합니다.

생각하고 따져 보고 물어보고 숙고하고 분별하는 비판적인 태도, 반성적인 삶이 결여되어 있기 때문에 이런 일이 생깁니다. 조선 예수교회의 결점은, 한마디로 줄여 표현하면, '반지성주의'라고 이광수는 지적합니다.

그런데 생각하고 반성하고 따져 보고 물어보는 태도가 믿음과 반대되거나 믿음에 해롭다고 생각하는 까닭이 무엇인지 궁금하지 않습니까? 믿음이라 이름 붙일 수 있는 행위가 생각 없이, 물음 없이 정말 가능할까요?

반례를 곧장 성경에서 찾아볼 수 있습니다. 사도행전 2장을 보십시오. 예루살렘에서 복음이 처음 전파될 때 베드로의 설교를 들은 사람들이 마음에 찔려 베드로와 사도들에게 보인 반응은 다름 아니라 바로 '질문'이었습니다. "형제들아 우리가 어찌할꼬"(행 2:37). 베드로는 그들에게 회개하여 예수 그리스도의 이름으로 세례를 받고 죄 사함을 받으라고 대답했습니다. 그들은 이 말을 받아 세례를 받았습니다. 이렇게 세례를 받은 사람이 3천 명이나 되었다고 성경은 기록하고 있습니다(행 2:41). 이들을 "믿는 사람"이라고 성경은 표현하고 있습니다(행 2:44). "믿는 사람이 다 함께 있어 모든 물건을 서로 통용하고 또 재산과 소유를 팔아 각 사람의 필요를 따라 나눠 주며"(행 2:44-45).

이들은 베드로의 말을 듣고, 마음에 찔림을 받고, 질문하고, 사도의 말을 따라 세례를 받은 사람들입니다. 그리하여 "믿는 사람"이라는 이름을 얻었습니다.[*] 믿게 된 사람들은 먼저 물었습니다. 물음을 묻자면 생각해야 하고, 생각을 하자면 물음을 던져야 합니다. 예루살렘 사람들이 던진 물음은 나사렛 예수를 못 박아 죽인 그들이 자신들의 행위를 의식하고 찔림을 받아 고통을 참지 못해 나온 질문입니다. 여기에는 당연히 양심과 지성이 함께 작용합니다.

---

[*] 강영안,《믿는다는 것: 묻고 응답하고 실천하는 믿음》(복있는사람, 2018), 28 이하 참조.

지성을 말하고 '반지성주의'를 문제 삼는다고 해서 '반지성
주의' 반대편의 '지성주의'를 내세워야 한다는 말이 아닙니
다. 왜 그런지 차근히 생각해 보지요.

지성과 이성에 대해서 먼저 얘기를 해 두는 게 좋겠습니
다. '지성'(知性, intellect, mind 또는 understanding)은 문자 그대
로는 '앎의 능력'입니다. 사람이면 누구나 가진 능력입니다.
임마누엘 칸트(Immanuel Kant)의 정의를 따르자면 '생각하는
능력', '개념을 만드는 능력', '판단하는 능력'이 지성입니다.

예컨대 우리 앞에 장미꽃이 있다고 합시다. 그러면 우리는
눈을 통해 그것을 보고 코를 통해 냄새를 맡을 수 있습니다.
손을 갖다 대면 꽃잎을 만질 수 있습니다. 이렇게 보고, 냄새
맡고, 만지는 것은 우리의 감각 능력입니다. 이와 달리 우리
가 보는 사물을 "장미꽃"이라든지, "붉다"라든지, "향긋하다"
라고 말하는 것은 개념적인 판단입니다. 보고 냄새 맡는 데
는 감각 능력인 감성이 작용하지만, 개념을 붙이고 그것이 무
엇이라고 판단을 내리는 행위는 지성의 활동입니다. 그러므
로 우리 자신과 우리 주변의 사물들을 얘기할 때 감성과 지
성이 모두 개입합니다. 이것이 없이는 우리는 사물을 알 수
없고, 사물이 어떻다고 말할 수 없습니다.

일상 언어를 사용할 때 우리는 이성과 지성을 엄밀하게 구
별해서 쓰지는 않습니다. 그러나 만일 구별한다면 지성은 앞

에서 말한 대로 '앎의 능력', '개념 능력'이고, 이성(理性)은 감성과 지성의 활동을 토대로 '추리하는 능력'이라 부를 수 있습니다. 예컨대 "모든 사람은 죽는다", "소크라테스는 사람이다"라는 두 명제가 주어지면 이로부터 우리는 "소크라테스는 죽는다"라는 결론을 이끌어 냅니다. 이렇게 결론을 이끌어 내는 능력, 추론하는 능력, 다시 말해, 추리(推理, reasoning)하는 능력을 일컬어 '이성'(reason)이라고 부릅니다.

서양 말을 번역할 때 동아시아에서 만들어 낸 이 '이성'이란 말에 들어 있는 '이' 또는 '리'(理)는 예컨대 물결, 나뭇결, 숨결이라 할 때의 '결'을 뜻하기 때문에 이성을 '결을 따라갈 수 있는 능력', '결을 구별해 내고 결을 찾아낼 수 있는 능력'이라고도 할 수 있습니다. 이 이성을 우리는 제대로 쓰거나 잘못 쓸 수가 있습니다. 잘못 쓰게 되면 추리가 잘못되고, 제대로 쓰면 타당한 추리를 얻어 낼 수 있습니다(좀 더 자세한 내용은 이 책 2장 3절 "생각의 윤리"에서 다룹니다).

그런데 배운 사람이든 못 배운 사람이든, 전문직 종사자든 그렇지 않은 사람이든, 누구나 일상에서 개념을 사용하고 상황을 서술합니다. 그러므로 누구나 지성과 이성을 날마다 사용합니다. 예컨대 일기 예보를 통해서 내일 비가 온다는 소식을 들었다고 합시다. 그런데 내일 어디 가기로 했는데, 자동차를 타고 가더라도 바깥을 걸어가야 하는 상황이 있다고 해 봅시다. 그러면 어떻게 하겠습니까? 우산을 준비하거나, 아니면 비를 맞을 각오를 하고 우산을 챙기지 않거나, 둘 중 하나를 선택할 것입니다. 이 경우, '비가 온다', '우산은 비를 막아 준다', '우산을 쓰면 비를 피할 수 있다', 이렇게 생각할 수 있는 능력이 지성이고, 이러한 능력을 바탕으로 '만일 비를 맞기 싫으면 우산을 가져가야 한다'고 추리하는 능력이 이성입니다.

<u>이성과 지성을 통틀어 말하자면 '생각할 수 있는 능력'입니다.</u> 이 능력이 없이는 우리는 일상생활을 제대로 할 수 없습니다. 좀 더 차원이 높은 삶도 생각하는 능력이 바탕이 되지 않으면 제대로 추구할 수 없을 뿐 아니라 제대로 살아 낼 수가 없습니다. 이런 의미의 생각하는 능력을 거부할 사람은 없습니다.

반지성주의가 믿음 생활과 관련해 가져온 세 가지 결과

그럼에도 교회에 가면 연륜이 오래된 신자들이나 교회 지도자들이 "생각하지 마라", "무조건 믿으라"고 하는 말을 종종 듣습니다. 그러다 보면 생각, 숙고, 성찰, 반성과 같은 행동은 신앙 생활에 걸림돌이 된다는 인상을 받게 됩니다. 비유로 말하자면, 우리가 교회 문에 들어설 때 머리는 문밖에 떼어 놓고 가슴만 가지고 들어와서 은혜를 듬뿍 받아 가라고 말하는 듯합니다. 머리는 신앙에 방해가 될 뿐이므로 바깥에 두고 가슴만 활짝 열고 들어왔다가, 나갈 때는 바깥에 두고 온 머리를 다시 달아 여느 때나 마찬가지로 세상에서 살아갈 때는 세상 머리로 살아가라, 하는 것과 같습니다. 말씀을 제대로 읽고 가르치는 교회라면 도무지 그럴 수 없음은 조금만 생각해 보아도 알 수 있습니다.

왜 "생각하지 마라", "따지지 마라"라고 할까요? 신앙을 가진 사람들만 유독 그럴까요? 제가 보기에 사람들은 생각하고 따지고 묻는 일을 좋아하지 않습니다. 만일 예외가 있다면 이해관계가 달려 있는 일이겠지요. 사람들은 손해가 되거나 이익이 되는 일에 대해서는 끝까지 따지고 생각하고 묻습니다. 손해는 덜 보고 이익은 더 보려고 함이 사람의 성정이겠지요. 그렇지 않을 경우에는 "뭘 그렇게 따져!", "그만 생각해!", "생각한다고 뭐 뾰족한 수가 생기나?" 같은 말을 사람들은 입에 달고 살아갑니다. 묻고 따지고 생각하는 일은 가능하면 멀리합니다. 그러나 자신과 이해관계가 있는 일에는 눈에 불을 켜고 달려듭니다.

생각해 보십시오. 신앙의 문제는 사느냐, 죽느냐 하는 문제입니다. 믿어도 제대로 믿어야지, 그냥 남이 말하는 대로 생각 없이 믿을 수 없습니다. 잘못 믿으면 믿지 않음보다 더 나쁜 결과가 올 수 있습니다. 그러므로 생각하고 따지고 검토해 보는 일을 가볍게 여길 일은 아닙니다. 생각 없이, 묻지도 않고, 따지지도 않고 믿으면 무슨 일이 일어날까요? 세 가지만 간단히 말씀드리겠습니다.

첫째, 생각 없이 믿으면 우리의 신앙이 '상식'이 없는 신앙이 될 수 있습니다. 여기서 말하는 상식은 예컨대 "한국의 수도는 서울이다", "물은 100도에서 끓는다"와 같이 누구나 알고 있는, 우리가 흔히 '일반 상식'이라고 부르는 공통의 지식(common knowledge)이 아닙니다. 제가 말하는 상식은 혼자만 독특하게 남다르게 가진 감각이나 의식과는 달리, 사람이 함께 공동으로 살아가는 데 필요한 감각 또는 의식, 공통감, 공통의 지각 능력(common sense)을 말합니다. 믿는 사람이든지, 믿지 않는 사람이든지, 인간으로 서로 소통하면서 서로에게 유리한 공동의 삶을 살아가는 데 필요한 능력입니다. 이런 의미에서 한나 아렌트(Hannah Arendt)는 '상식'을 "공동체 의식", "공동체 감각"이라 부릅니다.

오래전 경험한 '봉은사 땅 밟기' 경우를 생각해 보십시오. 어느 기독교 단체가 봉은사에 들어가서 기도하는 장면이 알려져 물의가 빚어진 사건입니다. 불교인이 교회에 들어와 만일 목탁을 친다면 어떤 반응을 보일지 입장을 바꾸어 생각해 보면 쉽게 판단할 수 있는 일입니다. 이때 작동하는 지각 능력이 다름 아니라 상식입니다. 이런 상식의 결여는 오히려 세상 사람들로부터 손가락질을 받는 상황을 만듭니다. 다른 사람들과 함께 살아가는 시민 정신의 바탕이 되는 상식을 잃어버리면 복음 전도의 길도 막히게 됩니다. 신앙은 상식을 초월하지만 상식 없이, 상식을 무시한 채 설 수 없습니다. 인간의 자유와 평등, 모든 인간의 고유한 권리와 존엄성의 존중, 과학 지식의 수용은 당연히 이 상식 가운데 포함됩니다.

둘째, 생각하지 않으면, 생각이 수반되지 않는 믿음만 강조하면 삶과 신앙은 분리되고 맙니다. 세상과 교회, 일상과 신앙 생활을 분리하는 습관은 우리에게 오래되었습니다. 그렇게 해서 빚어진 결과는 이제는 듣기에도 진부한 '성속(聖俗) 이원론'입니다. '성'과 '속'을 분리하는 이원론은 하나님의 일과 사람의 일, 일상과 비일상의 분리를 가져옵니다. 주일은 거룩하고 평일은 그렇지 않으며, 목사와 선교사의 일은 하나님의 일이고 의사와 간호사의 일은 기껏해야 수단으로 보게 됩니다. 교회에 가서는 교회 방식으로, 세상에서는 세상 방식으로 살게 하는 것도 성속 이원론입니다. 신앙 생활은 종교 생활이고 종교 생활은 교회 생활이므로 교회에 열심히 다니고 교회에서 해야 할 의무를 다하면 마치 신앙 생활이 제대로 된 것처럼 오해를 하게 하는 배후에 성속 이원론이 자리 잡고 있습니다. 성속 이원론에 빠지지 않기 위해서라도 믿음에 대해서, 삶에 대해서 묻고 생각하고 따져 볼 필요가 있습니다.

성속 이원론이 습관이 된 상황에서 세상 방식이 교회 속에 깊숙이 들어왔습니다. 우리가 흔히 얘기하는 물량주의, 성공주의가 한 예입니다. 많은 사람이 큰 교회를 원합니다. 큰 교회가 되기 위해서 쓸 수 있는 방법을 모두 동원합니다. 예컨대 전도나 제자 훈련, 소그룹 모임, 성경 묵상은 그 자체로 좋은 일입니다. 그런데 이것들이 성장주의나 성공주의에 종속될 때는 수단이 되고 맙니다. 말은 그렇게 하지 않는다고 하더라도 실제는 수단이 되고 말 때 그 자체로 좋은 것도 목적 가치, 존재 가치는 잃어버리고 수단 가치만 남게 됩니다. 자크 엘륄(Jacques Ellul)은 오늘의 사고 특징을 모든 것을 수단화하는 것이라고 오래전에 지적한 적이 있습니다. 이런 사고에 빠져들 때 교회든 사회든 모두가 예외 없이 기술적 사고의 희생자가 되고 맙니다.*

셋째, 생각하지 않고, 묻지 않고, 지성을 배척하는 반지성주의는 복음의 능력을 막는다고 저는 생각합니다. 마가복음

---

* 자크 엘륄(Jacques Ellul), 《세상 속의 그리스도인》(대장간, 1992)을 보십시오. 특히 제3장 "현대인의 우상"이 이 문제를 다루고 있습니다.

1장에 나오는 예수님의 첫 메시지를 보십시오. 회개하고 복음을 믿으라고 예수님은 말씀하십니다. "때가 찼고 하나님의 나라가 가까이 왔으니 회개하고 복음을 믿으라"(막 1:15). 하나님의 나라, 하나님의 통치가 이제 시작되었으니 회개하고 복음을 믿으라는 말입니다. 예수님의 가르침과 마찬가지로 베드로도 예루살렘 사람들에게 무엇보다 먼저 "회개하라"고 했습니다.

회개한다는 말이 무슨 의미입니까? 잘못을 인정하고 잘못된 생활을 떠나 새사람이 되는 것으로 우리는 이해합니다. 크게 틀리지 않았습니다. 그런데 말 자체를 보면 '회개한다'는 말은 '생각을 바꾼다'는 뜻입니다. 문제는 생각이고, 사고 방식이고, 그에 따른 삶입니다. 겉으로 드러난 행위, 나타난 행동이 바뀌는 것만으로 사람이 완전히 바뀌지 않습니다. 생각, 가치관, 신념이 완전히 바뀌어야 합니다. 생각이 바뀌지 않고 바깥 행위만 바뀌기 때문에 실제 삶에는 복음의 능력, 복음의 열매가 드러나지 않습니다.

복음의 능력이 드러나려면 교회에 들어올 때 머리는 문밖에 떼어 놓고 가슴만 가지고 들어올 것이 아니라 가슴과 함께 머리도 교회 안으로 들어와야 합니다. 가슴에 와닿은 은혜가 머리를 바꾸고, 그렇게 해서 바뀐 사고와 태도, 삶을 보는 관점이 결국은 손발을 움직여 삶 속에 드러나게 해야 합니다. 복음에는 이렇게 바꾸어 내는 힘이 있습니다. 그런데 처음부터 머리는 내버려 두고 가슴과 손발만 얘기한다면 설사 손발이 움직인다 하더라도 어디를 보고 가야 할지, 무엇을 붙들어야 할지 알지 못하고서 움직이는 불행한 일이 생길 수 있습니다.

복음은 우리에게 삶의 통합성, 주님께 대한 신실함, 그리고 이 모든 것이 선한 열매로 맺혀 드러나는 결과를 요구합니다. 가슴(체험)과 손발(행동), 머리(지성)가 한 몸통으로 움직이지 않으면 복음의 능력을 제대로 드러낼 수가 없습니다. 온전한 신앙 생활에서는 셋 다 우리에게 필요합니다.*

지성주의가 안고 있는 세 가지 위험

그러면 '지성주의'가 대안일까요? 반지성주의가 만일 문제라

---

* 머리와 가슴, 손발의 통합을 가장 탁월하게 주장한 책으로는 Abraham Kuyper의 *Drie Kleine Vossen*(Kampen: Kok, 1901)을 들 수 있습니다. 그러나 이 책은 네덜란드어로 출판되어 있을 뿐 어떤 다른 나라 말로는 번역이 되어 있지 않습니다. 좀 더 대중적인 방식으로 같은 문제를 논의하는 책으로는 데니스 홀링거(Denise Hollinger)의 *Head, Heart and Hands: Bringing Together Christian Thought, Passion and Action*(Intervarsity Press, 2005)을 추천합니다. 우리말로는 《머리 가슴 손》(IVP, 2008)으로 번역되어 나온 적이 있습니다.

면 지성주의가 그 자리를 대신해야 한다는 생각을 할 수 있습니다. 그렇지 않다고 저는 생각합니다. '오직 신앙', '오직 믿음'이 문제 있다고 해서 '오직 지성'을 깃발로 들자는 말이 아닙니다. 반지성주의 못지않게 지성주의도 걸림돌일 수 있습니다. 만일 지성주의를 기독교 신앙에 적용하면 기독교 신앙은 우리의 지성과 이성의 한계 안에 제한되고 맙니다. 지성주의도 반지성주의처럼 세 가지 위험을 안고 있다고 저는 생각합니다.

첫째, 지성주의는 엘리트주의에 빠질 위험이 있습니다. 지식인과 비지식인, 대학과 사회, 배운 사람과 배우지 못한 사람 사이에 일종의 위계질서를 만들어 놓고 신앙의 문제에 대해서도 배운 사람, 지식이 있는 사람이 발언권을 가진 것으로 생각할 수 있습니다. 이 속에는 목사나 신부, 신학자나 지식인이 포함될 수 있습니다. 그런데 예수님은 무엇이라고 말씀하십니까? "천지의 주재이신 아버지여 이것을 지혜롭고 슬기 있는 자들에게는 숨기시고 어린아이들에게는 나타내심을 감사하나이다 옳소이다 이렇게 된 것이 아버지의 뜻이니이다"(마 11:25-26).

마태복음 11장에 나오는 예수님의 이 말씀은 반지성주의를 천명한 것처럼 사용되는 경우가 많습니다. 예수님의 의도는 그렇지가 않습니다. 생각과 앎의 중요성을 배격하는 것이 아니라 배웠다는 사람들, 지혜와 권위를 가지고 지도자의 자리에 앉아 있는 사람들이 자신의 배움의 틀을 벗어나지 못하고 그것을 고집함으로 인해서 하나님 나라의 진실을 보지 못함을 지적하신 것이라 보아야 할 것입니다. "지혜롭고 슬기 있는 자들"과 반대되는 "어린아이들"은 미성숙하거나 무식한 사람, 의식이 없는 사람들이 아닙니다. 사회적 선입견이나 종교적 편견, 자신의 철학과 이념에 고착되어 있지 않고, 오히려 알고자 하고 찾아보고자 하고 놀라운 일을 보았을 때 참으로 놀라고 경탄할 수 있는 사람들입니다.

우리의 경험을 통해서도 예수님의 말씀이 참임을 우리는 쉽게 알 수 있습니다. 이미 수많은 개념과 사고의 틀을 가진 사람은 새로운 것을 받아들일 수 없습니다. 오히려 그렇지 못한 사람을 비하하고 조롱하기가 쉽습니다. 그러나 신앙을 가지는 데는 특별한 지적 능력이 필요한 것이 아니라 누구에게나 주신 정도의 평범한 지적 능력이면 충분합니다.

둘째, 지성주의는 통합적이고 조화로운 인격성을 저해할 수 있습니다. 지성, 감정, 의지 가운데 지성을 최우위에 두게 됨으로 이 셋이 고르게 균형을 이루어야 할 인격성의 조화가 깨어질 수 있습니다. 지적으로는 뛰어나더라도 정서적으로 문제가 있을 수 있고, 대인관계나 실제 행동에서 무력한 그리스도인으로 나타날 수도 있습니다. 생각과 지성, 앎을 강조한다고 해서 의지와 감정을 결코 무시할 수 없습니다. 신앙에는 이 세 요소가 다 들어 있습니다. 믿고자 하는 의지와 결단 없이, 그리고 전심으로 사모하는 마음 없이 신앙이 풍요로울 수 없습니다. 지적이기만 한 기독교는 생각만 해도 끔찍한 것일 수 있습니다. 그러므로 신앙 생활에는 성경 읽기나 공부뿐만 아니라 찬송도 있고, 기도도 있고, 함께 떡과 잔을 나누는 성찬 예식도 있습니다. 눈으로 보고, 귀로 듣고, 소리를 내고, 손을 잡고, 입으로 맛보는 일이 우리의 예배에 있습니다.

셋째, 지성주의는 학문이나 지식에 우위를 두게 되어 그것을 잣대로 성경의 가르침을 무시하거나 재단할 수 있습니다. 지성주의를 지나치게 내세우면 삶과 현실에 대한 판단은 모두 오늘의 과학을 따르고 신앙은 마치 정서적인 차원에만 유용한 것으로 제한해서 볼 수 있습니다. 만일 이렇게 되면 신앙은 대학이나 회사와 같은 공적인 자리에서는 전혀 기능을 할 수 없고, 다만 개인의 내면적, 정서적, 감정적 삶과 깊이 관련된 것으로 한정될 여지가 있습니다. 사람이나 사물, 그리고 삶에서 중요한 것들에 관해서 우리가 얻을 수 있는 지식을 일단 과학적 지식에만 한정한다면 하나님의 말씀은 정서적이고 감정적인 것에 불과하다는 판정을 받을 가능성이 높습니다. 그런 위험을 신앙과 관련해서 지성주의가 안고 있습니다.

　이렇게 보면 지성주의와 반지성주의는 다 같이 이원론적
입니다. 경험적인 것과 초월적인 것, 과학과 종교, 지성과 신
앙, 육적인 것과 영적인 것을 서로 상관이 없는 영역으로 분
리하는 사고방식이 그 뒤에 자리 잡고 있습니다. 물론 까닭
없이 이러한 함정에 빠지게 되는 것은 아닙니다. "육체의 소
욕은 성령을 거스르고"(갈 5:17)라고 한 사도 바울의 말이나,
"가이사의 것은 가이사에게, 하나님의 것은 하나님께 바치
라"(마 22:21)라는 예수님의 말씀은 이원론을 지지하는 것처
럼 인용됩니다. 그러나 과연 이와 같은 발언이 이원론을 지
지하는지는 따져 보아야 할 일입니다. 성경은 우리의 지성
사용에 대해서, 우리의 생각하는 활동에 대해서 무엇이라 말
할까요?

2

'생각하지 말라'
vs
'생각하라'

우리 한국 그리스도인들은 성경을 무척 사랑하고 성경의 가르침을 존중합니다. 한국 초기 기독교 역사를 깊이 공부한 이만열 교수님은 한국 기독교를 "성경 기독교"라 부르기를 주저하지 않습니다. 미국 선교사들이 들어오기 전에 이미 성경 번역 작업이 시작되었고, 한정된 지역이긴 했으나 번역된 일부 성경이 이미 전파되고 있었습니다. 한국 교회가 성경을 처음부터 무척 소중하게 여긴 전통이 있기 때문에 생각에 관해서 성경은 무엇이라 말하는지 그냥 상식 수준에 머물더라도 잠시 확인할 필요가 있을 듯해 보입니다.

생각하지 말라

먼저 "생각하지 말라"고 권유하는 부분입니다. 개역개정 성경을 보면 "생각하지 말라"는 구절이 구약에 두어 곳 나옵니다.

"너희는 이전 일을 기억하지 말며 옛날 일을 생각하지 말라"(사 43:18).

"모르드개가 그를 시켜 에스더에게 회답하되 너는 왕궁에 있으니 모든 유다인 중에 홀로 목숨을 건지리라 생각하지 말라"(에 4:13).

"생각하지 말라"는 말은 신약성경으로 넘어가면 좀 더 많은 구절에 나옵니다.

"속으로 아브라함이 우리 조상이라고 생각하지 말라 내가 너희에게 이르노니 하나님이 능히 이 돌들로도 아브라함의 자손이 되게 하시리라"(마 3:9).

"또 기도할 때에 이방인과 같이 중언부언하지 말라 그들은 말을 많이 하여야 들으실 줄 생각하느니라"(마 6:7).

"내가 세상에 화평을 주러 온 줄로 생각하지 말라 화평이 아니요 검을 주러 왔노라"(마 10:34).

"내가 너희를 아버지께 고발할까 생각하지 말라 너희를 고발하는 이가 있으니 곧 너희가 바라는 자 모세니라"(요 5:45).

"아무도 자신을 속이지 말라 너희 중에 누구든지 이 세상에서 지혜 있는 줄로 생각하거든 어리석은 자가 되라 그리하여야 지혜로운 자가 되리라"(고전 3:18).

"이런 사람은 무엇이든지 주께 얻기를 생각하지 말라"(약 1:7).

이 모든 구절에 공통으로 무엇이 보이나요? 아예 처음부터 생각하지 말라고 하지 않습니다. 생각을 끊으라고 말하지 않습니다. 잘못된 생각, 잘못된 상상을 하지 말라고 말합니다. 생각에도 '해야 할 것'과 '해서는 안 되는 것'이 있습니다. 그냥 떠오르는 대로, 하고 싶은 대로, 이러저러한 선입견을 가지고, 잘못 알고 있는 것을 따라 생각하는 것이 아니라 제대로 알고, 마땅히 생각해야 할 방식을 따라 생각해야 한다고 이 구절들은 말해 줍니다. 생각에도 일종의 의무가 있고 책임이 있다는 의미입니다.

생각하라

먼저 구약성경의 몇 구절을 보지요. "생각하라"는 말은 "생각하지 말라"는 말보다 더 많이 출현합니다.

"옛날을 기억하라 역대의 연대를 생각하라 네 아버지에게 물으라 그가 네게 설명할 것이요 네 어른들에게 물으라 그들이 네게 말하리로다"(신 32:7).

"전에 라이스 땅을 정탐하러 갔던 다섯 사람이 그 형제들에게 말하여 이르되 이 집에 에봇과 드라빔과 새긴 신상과 부어 만든 신상이 있는 줄을 너희가 아느냐 그런즉 이제 너희는 마땅히 행할 것을 생각하라 하고"(삿 18:14).

"하나님을 잊어버린 너희여 이제 이를 생각하라 그렇지 아니하면 내가 너희를 찢으리니 건질 자 없으리라"(시 50:22).

"백성 중의 어리석은 자들아 너희는 생각하라 무지한 자들아 너희가 언제나 지혜로울까"(시 94:8).

이제 신약성경을 펼쳐 보겠습니다.

"까마귀를 생각하라 심지도 아니하고 거두지도 아니하며 골방도 없고 창고도 없으되 하나님이 기르시나니 너희는 새보다 얼마나 더 귀하냐"(눅 12:24).

"너희는 이 세대를 본받지 말고 오직 마음을 새롭게 함으로 변화를 받아 하나님의 선하시고 기뻐하시고 온전하신 뜻이 무엇인지 분별하도록 하라 내게 주신 은혜로 말미암아 너희 각 사람에게 말하노니 마땅히 생각할 그 이상의 생각을 품지 말고 오직 하나님께서 각 사람에게 나누어 주신 믿음의 분량대로 지혜롭게 생각하라"(롬 12:2-3).

"그러므로 생각하라 너희는 그때에 육체로는 이방인이요 손으로 육체에 행한 할례를 받은 무리라 칭하는 자들로부터 할례를 받지 않은 무리라 칭함을 받는 자들이라"(엡 2:11).

"끝으로 형제들아 무엇에든지 참되며 무엇에든지 경건하며 무엇에든지 옳으며 무엇에든지 정결하며 무엇에든지 사랑받을 만하며 무엇에든지 칭찬받을 만하며 무슨 덕이 있든지 무슨 기림이 있든지 이것들을 생각하라"(빌 4:8).

"그러므로 함께 하늘의 부르심을 받은 거룩한 형제들아 우리가 믿는 도리의 사도이시며 대제사장이신 예수를 깊이 생각하라"(히 3:1).

"하물며 하나님의 아들을 짓밟고 자기를 거룩하게 한 언약의 피를 부정한 것으로 여기고 은혜의 성령을 욕되게 하는 자가 당연히 받을 형벌은 얼마나 더 무겁겠느냐 너희는 생각하라"(히 10:29).

"전날에 너희가 빛을 받은 후에 고난의 큰 싸움을 견디어 낸 것을 생각하라"(히 10:32).

"너희가 피곤하여 낙심하지 않기 위하여 죄인들이 이같이 자기에게 거역한 일을 참으신 이를 생각하라"(히 12:3).

"너희도 함께 갇힌 것같이 갇힌 자를 생각하고 너희도 몸을 가졌은즉 학대받는 자를 생각하라"(히 13:3).

"나 바울은 친필로 문안하노니 내가 매인 것을 생각하라 은혜가 너희에게 있을지어다"(골 4:18).

어떤가요? 성경은 "생각하지 말라"고도 가르치지만 "생각하라"고도 수없이 가르치고 있습니다. 무엇을 생각해야 할지, 누구를 생각해야 할지, 어떻게 생각해야 할지, 왜 그렇게 생각해야 할지, 조금만 생각을 가지고 읽어 보면 그렇게 어렵지 않게 이해할 수 있습니다. 성경은 생각을 금하는 것이 아니라 생각을 하되 생각해야 할 것을 생각하고, 마땅히 생각해야 하는 방식으로 생각해야 한다는 것을 분명하게 가르치고 있습니다.

3

생각하지 않으면
무슨 일이 일어나는가?

: 세 가지 사례

그러면 왜 생각해야 할까요? 생각해야 하는 이유를 "생각하지 않으면 무슨 일이 일어나는가?"라는 물음에 답하는 방식으로 드러내 보겠습니다.

아돌프 아이히만: "생각하지 않으면…"

제2차 세계대전 때 엄청난 수의 사람들이 죽은 사실을 여러분은 알고 있을 것입니다. 죽은 이들 가운데는 군인과 민간인들이 많았지만, 민간인들 가운데는 유독 유대인들이 많았습니다. 지금은 폴란드 땅에 있는 아우슈비츠를 위시하여 많은 수용소에서 600만 명이 넘는 유대인들이 죽임을 당했습니다. 이때 유럽 지역의 유대인 수송 책임을 맡은 사람이 아돌프 아이히만(Adolf Eichmann)이었습니다. 이스라엘 비밀정보대가 이 사람을 아르헨티나에서 붙잡아 1961년 예루살렘의 전범 재판소에 세웁니다. 이 재판에 대한 보고를 유대인 철학자 한나 아렌트가 뉴욕에서 발행되는 주간지 〈뉴요커〉 (*The New Yorker*)에 두 차례 기고합니다. 이 글이 나중에《예루살렘의 아이히만》(*Eichmann in Jerusalem*, 1963년 초판, 1964년 개정증보판)으로 출판됩니다. 번역본이 우리나라에서는 한길사(2006)에서 나왔습니다.

아렌트의 관찰을 통해 우리는 두 가지를 배웁니다. 첫째, 악은 평범하다는 것입니다. 《예루살렘의 아이히만》은 "악의 평범성에 관한 보고서"라는 부제를 달고 있습니다. 서양이든 동양이든 악을 떠올릴 때 우리는 악마를 생각하고, 악마는 무시무시한 모습을 하고 있다고 상상합니다. 그런데 형언할 수 없을 정도로 인류에게 해악을 끼친 아이히만이 법정에 나타났을 때 그의 모습은 주변에서 보는 동네 아저씨 같았습니다.

아이히만은 더구나 자기 일을 철저하게 수행하는 사람이었습니다. 가장 낮은 계급의 병사로 입대한 사람이 나중에 중령까지 진급을 했으니 보통 인정을 받은 사람이 아니었습니다. 물론 그는 대령까지 되지 못한 데 대한 불만을 토로했습니다. 그것도 그럴 만한 것이 명령 체계를 따르면, 그의 직속 상관은 라인하르트 하이드리히(Reinhard Heydrich)였는데, 하이드리히는 아돌프 히틀러(Adolf Hitler)의 명령을 곧장 받는 하인리히 히믈러(Heinrich Himmler)의 직속 부하였기 때문입니다.

히틀러 치하에서 유대인들을 처리하는 방법은 세 단계를 거쳤습니다. 처음에는 유대인들이 재산을 정리해서 국외로 떠나도록 하고, 다음은 집단 수용소로 강제 이송해 노동을 시키는 단계였습니다. 그리고 최후에는 모두 몰살하는 방법이었습니다. 아이히만은 이 세 단계 방침에 처음부터 개입되어 있었고, 위계로 보자면 가장 윗선이 히틀러, 그다음이 히믈러, 그리고 하이드리히, 아이히만 순이었기 때문에 유대인 관련 업무에서는 그가 실상은 네 번째 중요한 지휘부에 있었습니다. 그러므로 중령 계급은 그에게 늘 불만을 안겨 주었습니다.

하지만 아이히만은 자기에게 부과된 임무를 한 치의 오차도 없이 정확하게 수행했습니다. 그 결과는 수많은 유대인의 죽음이었습니다. 여기서 아렌트는 그의 관찰의 두 번째 중요한 점을 드러냅니다. 다름 아니라 악은 "무사고"(無思考), "생각 없음", 곧 생각 없이 하는 행동(thoughtlessness)에 뿌리를 두고 있다는 관찰입니다.

생각 없이, 정해진 규칙과 명령에 따라, 그야말로 기계가 돌아가는 듯한 행위를 우리는 '영혼 없는' 행정 관료들에게서 볼 수 있습니다. 이 관료가 공무원일 수 있고, 검사일 수 있고, 판사일 수도 있으며, 학교 교사나 교수일 수도 있습니다. 조금 범위를 넓히면, 마치 갑을 관계처럼 사역자를 다루는 담임 목사일 수도 있습니다. 상상하기는 힘들지만 이 관료적인 처리 방식은 지옥 조직의 반영일 수도 있습니다. C. S. 루이스(C. S. Lewis)의 《스크루테이프의 편지》(홍성사, 2018)를 보십시오. 루이스는 1961년에 붙인 서문에서 이렇게 쓰고 있습니다.

"개인적으로 나는 박쥐보다 관료들을 더 싫어한다. 나는 경영의 시대이자 '행정'의 세계에 살고 있다. 이제 가장 큰 악은 디킨즈가 즐겨 그렸듯이 지저분한 '범죄의 소굴'에서 행해지지 않는다. 그렇다고 강제수용소나 노동수용소에서 행해지는 것도 아니다. 그런 장소에서 우리가 보게 되는 것은 악의 최종적인 결과이다. 가장 큰 악은 카펫이 깔려 있으며 불이 환하게 밝혀져 있는 따뜻하고 깔끔한 사무실에서, 흰 셔츠를 차려입고 손톱과 수염을 말쑥하게 깎은, 굳이 목소리를 높일 필요가 없는 점잖은 사람들이 고안하고 명령(제안하고 제청받고 통과시키고 의사록에 기록)하는 것이다. 따라서 나는 당연히 지옥에 대한 상징으로 경찰 국가의 관료 조직이나 아주 비열한 사업을 벌이는 사무실 비슷한 것을 택하게 되었다."*

---

* C. S. 루이스, 《스크루테이프의 편지》(홍성사, 2018), 195-96.

루이스가 말하는 관료 조직의 일을 우리는 아이히만과 그의 상관 하이드리히에게서 볼 수 있습니다. 하이드리히와 아이히만은 유대인들의 신원을 확인하고 소재를 파악하고 재산을 평가하고 이 모든 것을 수집, 기록하는 일에서부터 이들의 재산을 처리하고 외국으로 이주하게 하는 일을 시행하다가 나중에는 이들을 수용소에 집합시키고 가스실에 보내 생명을 빼앗기까지 모든 절차를 빈틈없이 철저하게 입안하고 집행했습니다. 여기에 생각이 전혀 개입되지 않았다고 할 수 없습니다. 사태를 파악하고, 이해하고, 무엇을 집행하는 데는 당연히 인간의 의식이 개입됩니다. 의식이 개입되는 곳에는 당연히 생각이 따릅니다. 생각을 통해서 의식이 존립합니다.

그런데 이때 생각은 아렌트가 "무사고", "생각 없음"이라고 할 때 말하는 '생각'과 다릅니다. 아이히만의 '생각'은 마르틴 하이데거(Martin Heidegger)의 용어를 빌려 말하자면, "계산하는 생각"(das rechnende Denken)입니다.* 사물을 깊이 들여다보고, 감지하고, 고통이나 기쁨을 느끼고, 공감하고 반응하는 방식의 생각이 아니라 주어진 자료를 바탕으로 분석하고

---

* 하이데거는 "계산하는 생각" 또는 "기술적 생각"을 자기 자신을 헤아리며 기억하며 살피는 생각(das besinnende Denken) 또는 "시적 생각"(das dichterische Denken)과 대립시킵니다. Martin Heidegger, *Vortraege und Aufsaetze*(Neske, 1978), 174.

계산하고 측정하고 단정하는 방식의 생각입니다. 생각을 한다고 해도 사실은 생각이 없는 생각이라는 말입니다.

아렌트가 악의 근원이라 본 "생각 없음"과 반대되는 것은 무엇보다도 타인의 고통과 공감할 수 있는 능력입니다. 다음 장에서 아렌트가 "공동체 의식"이라 부른 칸트의 "공통감" 개념을 좀 더 자세하게 이야기하겠지만, 공감 능력, 타인의 자리에서 생각하고 상상하는 행동은 생각 가운데서도 아마 가장 중요한 활동일 것입니다. 아이히만이 아우슈비츠로 수송되어 가스실에서 죽임을 당해야 할 유대인들의 고통을 조금이라도 스스로 생각하고, 자신의 행동을 돌아보았더라면 그가 수행한 수송 책임의 일을 그가 행한 것처럼 과연 그렇게 할 수 있었을까요? 심지어 그는 학생 시절 칸트를 읽었다는 이야기를 법정에서 털어놓았지만, 그의 칸트는 의무에 충실한 것을 얘기한 칸트일 뿐 남의 입장에 서서 그가 고통과 슬픔을 헤아려 보기를 원한 칸트가 아니었습니다.

생각은 스스로, 자신의 생각과 일관되게, 모순 없이 해야 하지만, 무엇보다도 남과 공감하는 일입니다. 공감은 타인을 수용하고, 타인과 자신의 삶을 일치시키고, 자신이 그 자리에 있는 것처럼 상상하고 이해하고, 타인의 고통을 자신의 고통으로 함께 느끼는 행동입니다. 그런데 이런 능력의 부재가 아이히만과 독일 사람들이 저지른 악의 근원이었다는 것이지요. 생각하지 않은 결과, 아이히만은 악이 악인 줄 모르고 악을 저지르고 말았습니다.

C. S. 루이스: "생각하지 않으면…"

루이스의 《스크루테이프의 편지》로 다시 돌아가 보겠습니다. 《스크루테이프의 편지》는 서른한 통의 편지로 구성된 일종의 풍자 소설입니다. 이 편지에는 지옥의 고위 관리인 스크루테이프가 자기들의 먹을거리가 될 '환자'를 지옥에 데려오는 임무를 맡은 조카 웜우드에게 사람을 유혹하는 전략을 가르치는 내용이 담겨 있습니다. 스크루테이프는 웜우드에게 보낸 첫 번째 편지에서 '환자'를 자신들의 세계인 지옥으로 끌고 오기 위해서 무엇보다 힘써야 할 것은 '생각하지 못하도록' 하는 일이라고 가르칩니다.

"너의 임무는 환자의 곁을 지키며 그가 제대로 생각하지 못하도록 방해하는 것이라는 점을 명심해야 한다. 요즘 네 또래 젊은 악마 놈들 하는 말을 들으면, 우리 일이 선생질인 줄 알겠더라!"[*]

---

[*] C. S. 루이스, 《스크루테이프의 편지》, 20.

첫 번째 편지가 이렇게 끝납니다. 왜 악마가 사람들이 생각하지 못하도록 방해해야 한다고 했을까요? 특히 신앙을 가진 지 얼마 되지 않은 '환자' 같은 사람이 제대로 생각하지 못하도록 왜 계속 방해해야 했을까요?

첫 번째 편지에서 루이스가 '생각한다'는 말로 이해한 활동은 다름 아니라 논증이었습니다. 논리적으로 생각하는 활동이지요. 사람이 논리적으로 생각하게 되면 근거를 묻게 되고, 근거를 묻기 시작하면 문제가 되는 주제의 핵심으로 파고들게 됩니다. 예컨대 "소크라테스는 죽는다"고 주장한다고 합시다. 그러면 당장 이렇게 물을 수 있습니다. "소크라테스는 왜 죽는다고 주장하는가?" 그러면 이렇게 답할 수 있습니다. "사람이니까, 그리고 모든 사람은 죽으니까." 논리적 형식으로 말하면 이렇게 할 수 있습니다. "모든 사람은 죽는다. 소크라테스는 사람이다. 그러므로 소크라테스는 죽는다." 이렇게 논증을 해 가고 계속 묻고 따지고 생각하기 시작하면, 결국 "사람은 죽는다"는 현실에 직면하게 됩니다.

현실에 직면하게 되면 지금까지 생각하지 않던 진실을 알게 됩니다. 그러므로 생각한다는 것은 어쩌면 위험합니다. 죽음을 전혀 생각하지 않던 사람이 단순히 논리학에서 이야기하는 삼단논법의 형식에 머물지 않고 "사람은 결국 죽는다"는 진실에 직면하게 되고, 죽음을 더 깊이 생각하지 않을 수 없게 됩니다. 악마는 이것을 두려워한 것이지요. 스크루테이프의 말을 좀 더 들어 보십시오.

"논증을 동원할 경우 우리의 투쟁 전체가 오히려 원수[이때 원수는 그리스도]의 확고한 기반이 되어 버린다는 문제가 발생한다. 원수도 논리에 강하다는 것을 잊지 말거라…. 아무튼 논증이라는 행위는 잠자고 있는 환자의 이성을 흔들어 깨우는 거나 다름없는 짓이야. 일단 이성이 깨어난 후에 무슨 일이 일어날지 누가 장담할 수 있겠느냐? … 네 환자는 그런 사고 과정을 통해 찰나적인 감각적 경험의 흐름에서 눈을 돌려 보편적인 주제에 관심을 기울이는 치명적인 버릇을 들이게 될 게다. 그러니 너는 무슨 일이 있어도 그의 시선을 감각적 경험의 흐름에 붙들어 두어야 해. 그것이야말로 '실재의 삶'이라고 믿도록 가르치되, '실재'가 무슨 뜻인지는 절대 묻지 못하게 하거라."•

악마가 두려워한 것은 생각하는 습관을 통해 감각적인 데서 눈을 돌려 보편적인 것, 눈에 보이지 않는 현실 자체, 실재 자체에 관심을 돌리는 것입니다. 실재 자체에 관심을 돌리게 되면 삶을 전체로 생각하고, 삶 자체에 관한 근본적 물음을 던지게 되므로 그러한 일을 막아야 한다는 것입니다. 특히

• 앞의 책, 16-17.

과학에 관심을 가지고 진지하게 공부하는 것을 악마는 두려워했습니다. 과학에 관심을 두게 되면 차라리 경제학과 같은 사회과학에 눈을 돌리도록 유도하라고 스크루테이프는 웜우드에게 충고합니다. 만일 질문을 하려 하면 근본적이고 단순한 질문을 못 하도록 막으라고 합니다. 오히려 "우리 시대의 전반적 조류에 부합하는 일인가", "진보적인 일인가, 반동적인 일인가", "역사의 흐름에 맞는 일인가", 이런 방식으로 시대 조류에 맞는 질문만을 줄창 던지게 하라고 조언합니다.

악마는 사람들이 생각하지 않는 한 자신의 편으로 쉽게 끌어들일 수 있다고 생각합니다. 생각하지 않도록 하는 일 가운데 하나가 책을 가까이하지 않도록 하는 것입니다. 첫 번째 편지에서 스크루테이프는 자신의 경험을 들려줍니다. 언젠가 그가 맡았던 '환자'는 무신론자였는데, 대영박물관에서 책 읽기를 즐겼습니다. 그런데 하루는 책을 읽는 동안 환자의 생각이 엉뚱한 방향으로 흐르고 있다고 느꼈습니다. 그래서 생각을 못 하도록 마음속에 '점심을 먹어야겠다'는 생각을 집어넣어 더 이상 반대편으로 가지 못하도록 시도했고, 덕분에 그 사람은 이제 지옥에 안전하게 와 있다고 말합니다. "책을 읽지 않도록 해라", "생각하지 못하도록 방해해라", 이것이 스크루테이프가 악마 웜우드에게 끊임없이 충고하는 말입니다. 생각하지 않으면 악마의 유혹에 쉽게 넘어갑니다.

임마누엘 칸트: "생각하지 않으면…"

이왕 앞에서 칸트의 이름을 언급했으니, 생각하지 않으면 어떤 일이 일어나는지 아렌트와 루이스를 이어 칸트에게 물어보겠습니다.

앞에 든 예를 통해 "생각하지 않으면 무슨 일이 일어나는가?"라는 물음에 이렇게 답할 수 있습니다. "생각하지 않으면 자신도 모르는 사이 타인에게 고통을 주는 악을 저지를 수 있다"(한나 아렌트). "생각하지 않으면 자신도 모르는 사이 현실의 참된 모습에 직면하지 못하고 악마에게 속아 지옥 문 앞에 가까이 갈 수 있다"(C. S. 루이스). 칸트는 무엇이라 답할까요? "생각하지 않으면 제 발로 서지 못하고 내내 남의 종으로 살 수밖에 없다."

칸트가 살던 18세기 유럽을 역사가들은 '계몽의 시대'라 부릅니다. 그런데 '계몽'이 무엇일까요? 18세기 후반에 살던 사람들에게도 이 물음은 중요했던 모양입니다. 요한 프리드리히 쵤러(Johann Friederich Zoeller)라는 목사가 1783년 〈베를린 월보〉에 이 물음을 묻는 글을 실었습니다. 칸트는 이 물음에 답하는 글을 이듬해 같은 월간지에 보냈습니다. 칸트는 이 글을 이렇게 시작합니다.

"계몽은 사람이 스스로 빚어 낸 어린아이와 같은 삶의 상태에서 해방되는 것이다. 어린아이와 같은 상태란 남의 지도 없이는 자신의 지성을 스스로 사용할 수 있는 능력의 부재를 말한다. 스스로 빚어 냈다고 함은 어린아이의 상태가 지성의 결핍 때문이 아니라 자신의 지성을 스스로 사용할 결단과 용기의 부족 때문에 생겼기 때문이다. 사페레 아우데(Sapere aude, 알려고 시도하라)! 자신의 지성을 사용할 용기를 가지라! 이것이 계몽의 표어이다."•

자신의 지성을 사용한다는 말은 곧 누구에게 의존하지 않고 스스로 생각한다는 말입니다. 다시 말해, 어린아이처럼 어른들에게 의존하지 않고 스스로 어른이 되어 성숙한 사고를 한다는 의미입니다. 이렇게 보면 남의 말을 듣고 남이 생각하는 대로 따라 생각하는 일은 어린아이로 내내 머물러 있는 것이며, 결국에는 남의 종살이를 하는 삶을 벗어날 수가 없다는 것이지요. 스스로 생각하고, 스스로 생각한 결과를 따라 행동하는 사람을 어른이라고 할 때 '계몽'이란 몽매한 어린아이에 머물지 않고 성숙한 '어른이 된다'는 뜻입니다.

그런데 칸트는 종살이만큼 편한 것도 없다고 지적합니다. 왜냐하면 남이 모든 것을 대신 해 주기 때문입니다. 신앙의

• Immanuel Kant, "*Beantwortung der Frage: Was ist Aufklaerung?*," 칸트 전집(학술원판), 8권, 33-42, 가운데 인용문은 35.

문제는 목사나 신부에게 의존하고, 건강이나 음식 조절에 관한 문제는 의사에게 의존하고, 정치나 경제에 관한 문제는 해당 전문가에게 의존하면 나는 생각할 필요 없이 그들의 생각을 따라 살아가면 됩니다. 그러나 그렇게 하고 있는 한 나는 미성숙한 인간, 종살이 인간에 지나지 않는다는 것이지요.

우리 모두는 많은 부분에서 이런 종살이를 하고 있다고 하겠습니다. 사건 보도와 관련해서는 언론에 의존하고, 종교와 관련해서는 종교 전문가들에게 의존하고, 정치적 관점과 견해는 목소리 크게 외치는 사람에게 의존해 살아가기 때문입니다. 이런 상태를 칸트는 "미성숙의 상태", "어린아이의 상태", 좀 어려운 한자 용어로 말하면, "예종(隸從)의 상태"라고 부릅니다. 여기서 벗어나려면 스스로 자신의 지성을 사용해야 한다고 칸트는 주장합니다. "스스로 생각하려고 애쓰지 않으면, 남의 종으로밖에 살 수 없다, 그러므로 종살이가 싫으면 스스로 생각하라"는 것이 칸트가 들려주고 싶은 이야기입니다.

◇

이제 이 장을 정리해 보겠습니다.

만일 그리스도인이 생각하지 않으면 무슨 일이 일어나겠습니까?

칸트의 말을 기억해 보십시오. 스스로 생각하지 않으면 여전히 어린 상태에 머물러 있게 된다는 것이 칸트의 교훈입니다.

이 생각은 성경의 가르침을 벗어나는 사고일까요? 성경은 성숙한 인간이 되는 것을 반대하나요?

고린도전서 14장 20절을 보십시오. "형제자매 여러분, 생각하는 데는 아이가 되지 마십시오. 악에는 아이가 되고, 생각하는 데는 어른이 되십시오"(새번역). 개역개정에는 "형제들아 지혜에는 아이가 되지 말고 악에는 어린아이가 되라 지혜에는 장성한 사람이 되라"라고 되어 있습니다.

개역개정을 따르면 이 구절이 마치 지혜와 관련된 일반적인 교훈을 담은 것처럼 오해할 소지가 있습니다. 앞뒤 문맥을 통해 보면 이 말씀은 지혜보다는 앎과 관련이 있고, 앎은 생각과 연관이 되어 있습니다. 알아듣지 못할 일만 마디의 방언보다 알아들을 수 있는 다섯 마디 말이 더 낫다는 가르침을 바울은 주고 있습니다(고전 14:19). 여기서 바울은 어른과 아이의 생각의 방식을 구별합니다. 아이는 오직 자기 중심이지만 어른은 타자 중심이고 공동체의 유익을 고려합니다. 그러므로 자기만 생각하는 아이처럼 하지 말고, 타인의 유익, 공동체의 유익을 배려하는 어른처럼 성숙하게 생각하고, 성숙하게 행동하라고 바울은 가르칩니다.

그렇게 하자면 당연히 스스로 생각하는 힘을 키워야 합니다. 스스로 생각하려면 사람들이 옳다고 생각하고 주장하는 내용이 과연 옳은 것인지, 좋은 것인지, 참된 것인지를 따져보고 물어보고 검토해 보아야 합니다. 이것을 일컬어 '비판적 사고'(Critical Thinking)라고 부릅니다. 여기서 '비판'이란 말은 남을 비난하거나 정죄하는 태도(Judgmental Attitude)와는 달리 참과 거짓을 가려내는 지적인 태도입니다. 어떤 주장이 근거가 있는지, 말이 되는지, 수용해도 되는지 충분히 숙고해 보는 것이지요.

참된 믿음을 가지고 살아가는 데는 비판적 사고가 빠질 수 없습니다. 왜냐하면 믿되 제대로 믿어야 하고, 제대로 믿으려면 알아야 하기 때문입니다. 어린아이일 때는 부모나 선생, 목사나 신부가 가르치는 것이 옳은 줄 알고 받아들입니다. 그러면서 점점 성숙해 갑니다. 하지만 성숙하게 되면 스스로 판단할 줄 알아야 합니다. 스스로 판단하는 능력을 키우려면 생각해야 하고, 생각하려면 물어야 합니다.

아이히만의 예를 통해서 그리스도인은 무엇을 배웁니까? 자기가 하는 일을 생각하지 않으면 국가나 조직, 자기가 속한 집단이 추구하는 가치, 내세우는 이념을 비판 없이 그대로 따라 실천에 옮기게 됩니다. "자기가 맡은 일은 최선을 다

해 수행해야 한다"는 가르침은 인간 사회 어디서나 수용됩니다. 그런데 아이히만의 경우 무슨 일이 벌어졌습니까? 자기에게 주어진 임무를 최선을 다해 수행한 결과, 수많은 사람이 죽임을 당했습니다.

이런 일은 어느 조직에서나 일어날 수 있습니다. 군대나 기업, 학교나 가정뿐만 아니라 교회도 이런 조직일 수 있습니다. 교회도 만일 생존이 목적이라면 생존을 위해 수단과 방법을 가리지 않을 수 있습니다. 어떤 결정이 악인 줄 알면서도 그로 인해 선이 산출되리라는 기대를 가질 수 있습니다. 아이히만은 독일 민족의 민족주의와 국가주의, 심지어는 도덕적 의무주의를 가지고 살면서 이러한 '주의'를 한 번도 의심하거나 문제 삼아 보지 못했습니다.

교회 조직에 익숙한 사람들은 믿음의 삶을 생각 없이 산다면 주위에 떠도는 온갖 '주의'(교회주의, 성직주의, 직분주의, 성경주의, 신앙주의, 백인우월주의, 남성중심주의, 개교회주의, 문자주의)의 희생자가 되기가 쉽습니다. 그러므로 성숙한 믿음의 삶을 살기 위해서라도 생각하는 법을 배우지 않으면 안 됩니다. 그렇지 않으면 사람이 겪는 고통을 눈으로 볼 수 없기 때문입니다.

성숙한 삶이 목적이 아니라 하더라도, 적어도 악마의 유혹에 넘어가지 않기 위해서라도 생각하는 법을 배우고 생각을 삶의 습관으로 가짐이 좋다고 저는 생각합니다. 《스크루테이프의 편지》 중 첫 번째 편지에서 루이스는 지성주의와 반지성주의를 다룹니다. 몇 세기 전만 해도 지성으로 설득시켜 사람들을 지옥으로 데려왔지만 반지성주의가 유행하는 오늘에는 그럴 필요 없이 오직 감정에만 사로잡혀 있도록, 오늘 유행하는 상투적인 언어들과 사상에만 사로잡혀 있도록, 다시 말해 읽고 묻고 생각하고 반성해 보지 못하도록 사람들을 붙잡아 두어야 한다고 지옥의 스크루테이프는 충고하고 있습니다. 이 점에서 분명히 오늘의 교회가 자신들의 동맹이라고 두 번째 편지에서 이야기하고 있지요.

읽고 묻고 생각하되 피상적으로 대충 하는 생각에 머물지 않고, 묻고 더 묻고 더 생각하게 되면 오히려 진실에 더 다가갈 수 있다는 사실을 스크루테이프는 잘 알고 있습니다. 그러므로 그렇게 못 하도록 최대한 노력하라는 충고를 웜우드에게 하고 있습니다.

이제 생각한다는 것이 무엇인지 다음 장에서 좀 자세하게 생각을 해 보면 좋겠습니다. 이 부분을 뛰어넘어 곧장 3장으로 가도 좋습니다만, 조금 인내심을 가지고 생각에 관한 생각을 함께 해 보아도 크게 손해가 되지 않으리라 생각합니다.

2장

생각한다는 것

어떻게 생각해야 그리스도인으로 온전히 생각할 수 있는지 생각해 보는 것이 이 책의 목적입니다. 이제 한 걸음 물러서서 '생각한다는 것'이 도대체 무슨 행위인지 살펴보겠습니다. 그리스도인으로 어떻게 생각하면서 살아야 할지, 어떻게 일방적으로 생각하지 않고 온전하게, 통전적으로 생각할 수 있는지를 모색해 보기 위해 3장으로 넘어가기 전에 일종의 우회로를 따라 걸어가 보겠습니다.

지금까지 이야기를 따라온 분은 '생각한다는 것'이 어떤 행위이며 왜 중요한지 어느 정도 파악했을 것입니다. 스크루테이프가 웜우드에게 갓 그리스도인이 된 그의 '먹잇감'(영어로는 'patient', 우리말로는 '환자'라고 번역되어 있습니다)이 생각하지 못하도록 방해하라고 말할 때 '생각함'은 이성을 사용하여 논리적으로 논증하는 습관을 말합니다. 한나 아렌트가 평범하게 보이는 악이 사실은 '생각 없음'에 기초한다고 볼 때는 남들의 입장에 서서 기쁨과 고통을 헤아릴 수 있는 능력의 부재를 뜻했습니다. 칸트에게 '생각'이란 무엇보다 독립적이고 자립적으로 자신의 지성을 사용해 판단하고 행동할 수 있는 능력입니다.

이것들을 염두에 두고 이제 좀 자세하게 '생각한다는 것'이 무엇인지 따져 보겠습니다. 여러분이 조금만 집중하면 어렵지 않게 따라올 수 있습니다. 학교에서 철학 강좌에 앉아 있다고 생각하고 저를 따라 같이 한번 생각해 보길 권합니다. '생각'에 관한 아주 기초적인 얘기부터 하겠습니다. 저의 책《일상의 철학》에서 시도했듯이, 생각과 관련해서 세 단계를 밟아 진행해 보겠습니다.*

먼저는 "우리가 생각할 때 무슨 일이 일어나는가?" 하는 물음을 가지고 '생각의 현상학'을 드러내 보겠습니다.

두 번째는 생각이 지닌 의미를 물어보는 '생각의 해석학'을 시도해 보겠습니다.

---

* 제가 여기서 사용하는 방법에 대해서 알아보고 싶은 분에게는 강영안, 《일상의 철학》(세창문화사, 2018)을 권합니다.

세 번째는 어떻게 생각해야 할지, 생각하는 방식, 생각의 윤리가 있다면 그것이 무엇인지, 즉 '생각의 윤리학'을 구성해 보겠습니다.

먼저 우리의 일상의 삶에서 출발해 보도록 하지요. 우리가 일상에서 수행하는 대부분의 행동에는 생각이 수반됩니다. 밥을 먹을 때면 무엇을 먼저 먹을지 생각하고, 길을 걸을 때면 어느 길로, 어떤 방향으로 걸어갈지 생각합니다. 말을 할 때면 먼저 생각을 해 보고 말을 하거나, 생각하면서 동시에 말을 하거나, 아니면 말을 하면서 생각합니다. 무엇을 보고 듣고 만질 때도 우리는 단순히 보고 듣고 만질 뿐만 아니라 그것이 무엇인지 알고, 어떤 소리인지 듣고, 질감을 느끼며 만집니다. 이렇게 무엇을 알아볼 때 당연히 생각이 개입합니다. 생각은 의식적인 행위, 의식적인 행동에 수반됩니다.

그렇다면 생각한다는 것은 무엇일까요? 생각할 때 우리는 무엇을 하고 있습니까? 생각할 때 도대체 무슨 일이 일어납니까? 물음은 여기에 그치지 않습니다. <u>생각을 한다는 것은 우리의 삶, 우리의 일상의 삶에서 어떤 의미가 있을까요? 우리는 왜 생각하고, 생각한다는 것은 우리 자신의 사람됨과 무슨 상관이 있을까요?</u> 만일 생각을 해야 한다면 어떻게 하는 것이 제대로 하는 것일까요? 제대로 된 생각과 그렇지 못한 생각을 구별할 수 있는 어떤 기준이나 규범이 있을까요? 있다면 그것을 어디서 찾을 수 있을까요?

　이런 물음을 가지고 이번 장에서는 '생각한다는 것'이 무
엇인지, 방금 앞에서 이야기한 대로 '생각의 현상학', '생각의
해석학', '생각의 윤리학', 이렇게 세 단계로 나누어 여러분과
함께 '생각해' 보겠습니다. 왜냐하면 생각하지 않고서는 생
각이 무엇인지, 생각할 때 무슨 일이 일어나는지 알 수가 없
기 때문입니다.

1

생각이라는
현상

생각한다는 것은 도대체 무엇인가요? 무엇을 두고 우리는 생각한다고 하나요? 생각도 만일 행위라고 한다면 어떻게 행위하는 것이 생각하는 것인가요?

　가령 내가 팔을 들어 올리는 행위를 한다고 해 봅시다. 그러면 나는 무엇을 하고 있습니까? 나는 팔을 들어 올리고 있습니다. 나는 내가 팔을 들어 올린다는 사실을 의식합니다. 무심코 팔을 올렸다 하더라도 곧장 내가 팔을 들어 올렸다는 사실을 나는 의식합니다. 만일 누군가 나를 보고 있다면 내가 팔을 들어 올릴 때 내가 그런 동작을 하고 있음을 그 사람은 관찰할 수 있고 이 사실을 말로 표현할 수 있습니다. 내가 말을 한다면 내가 말을 하고 있다는 사실을 내가 의식합니다. 나와 가까운 거리에 있는 사람은 내가 말을 하고 있다는 사실을 귀를 통해 듣고 그도 내가 말을 하고 있다는 사실을 의식합니다. 필요하면 그는 그 사실을 말로 표현할 수 있습니다.

그런데 내가 생각할 때는 어떠한가요? 내가 무엇을 생각할 경우 나는 그것을 의식합니다. 그러나 타인은 내가 생각하고 있는지, 생각한다면 무엇을 생각하는지 짐작은 할 수 있지만 알지는 못합니다. 팔 동작이나 소리 내어 하는 말은 관찰 가능한 물리적 행위이지만, 생각하는 행위는 적어도 생각하는 그 순간만큼은 내 속에서 일어나는 일이기에 타인의 관찰 가능성을 벗어나 있습니다. 그래서 사람들은 이를 물리적인 행위와 구별해서 '심적인 행위'(mental act)라고 부릅니다. 그러므로 생각하는 행위는 무엇보다 심리학의 연구 대상이라고 사람들은 생각합니다.

　곧장 따라오는 물음은 이것입니다. "만일 생각하는 행위가 물리적 행위처럼 바깥에서 관찰 가능한 행위가 아니라면 그것에 관해서 알 수 있는 방법은 없는 것인가?"

　19세기 후반 빌헬름 분트(Wilhelm Wundt)의 실험 심리학에서부터 20세기 중후반 버러스 프레더릭 스키너(Burrhus F. Skinner)의 행동주의 심리학, 장 피아제(Jean Piaget)의 발생 인식론, 그리고 사회 심리학이나 문화 심리학, 최근 뇌과학에 근거한 뇌 심리학에 이르기까지 다양한 이론과 설명 모형은 심적 현상을 과학적으로 관찰 가능한 현상으로 설명하기 위한 노력들입니다.

　한 가지 분명한 것은, 생각이라는 현상이 심적인 행위이고 인간 내면에서 발생하는 현상이라 하더라도, 도무지 그 속을 들여다볼 수 없는 암실(camera obscura)처럼 전적으로 인간의 내면에서만 발생하는 현상으로 볼 수 없다는 사실입니다. 왜냐하면 지난 세기 이후 줄곧 강조되어 온 것처럼 생각이라는 현상은 뇌를 비롯한 신체 기관과 우리가 사용하는 언어, 문화와 교육, 사고방식과 세계관과 떨어질 수 없기 때문입니다. 그러므로 생각한다는 것은 무엇인가, 왜 생각해야 하는가, 어떻게 생각해야 할 것인가라는 물음을 던질 때 이러한 요소들을 무시하기는커녕 더욱 중요하게 고려할 수밖에 없게 되었습니다.

　한 걸음 물러서서 생각해 보지요. 어떤 방식으로 들여다보고 이해하려고 애쓰든 간에 생각한다는 것은 의식이 없는 존재에게는 가능하지 않습니다. 돌이나 책상은 생각하지 않습니다. 왜냐하면 돌이나 책상은 무엇을 느끼거나 스스로 움직이지 않기 때문입니다. 만일 이 가정이 옳다면 생각은 의식이 있는 존재의 활동이라 일단 말해 볼 수 있습니다. 의식이 있는 존재가 의식을 통해서 하는 활동을 '생각한다'는 말로 표시한다고 해 봅시다. 만일 이것이 참이라면 '생각한다'는 말로 지칭되는 인간의 행위에는 수많은 것이 포함됩니다. 음식을 먹고, 걷고, 물건을 나르고, 말하고, 듣고, 따지고, 묻고, 무엇을 상상하고, 판단하는 행위에 생각이 모두 수반됩니다.

생각하는 것에 수반되는 보편적 현상

그렇다면 생각하는 것은 무엇입니까? 르네 데카르트는 의심할 여지 없이 확실한 것을 찾아가는 과정에서 이렇게 묻습니다. "나는 무엇인가? '생각하는 것'이다. 생각하는 것은 무엇인가?" 이 물음에 대해 데카르트는 "의심하고, 이해하며, 긍정하고, 부정하며, 의욕하고, 의욕하지 않으며, 상상하고, 감각하는 것"이라고 답합니다.[*]

확실하게 아는 것에 대해서 우리는 의심하지 않습니다. 의심한다는 것은 어떤 무엇에 대해서 확실하게 알지 못하기 때문에 수용하지 못하고 망설이는 태도를 일컫습니다. 이해한다는 것은 무엇을 알아듣는 태도입니다. 긍정하고 부정한다는 것은 예컨대 눈앞에 있는 장미를 두고 대화 상대자가 "이장미는 붉다"고 말할 때, 그 장미가 붉다는 진술에 동의하거나 동의하지 않는 태도를 통해서 진술에 대하여 판단을 내리는 것입니다. 의욕하거나 의욕하지 않는다는 것은 어떤 무엇을 욕구하거나 욕구하지 않는 태도를 일컫습니다. 상상한다는 것은 대상이 현재 내 눈앞에 없을 때 그 대상을 머릿속에 떠올려 그려 보는 행위입니다. 감각한다는 것은 시각이나 청

---

[*] 르네 데카르트, 이현복 옮김, 《성찰》(문예출판사, 1997), 47-48.

각 같은 감각 기관을 통해서 사물을 지각하는 행위입니다.

그런데 가만히 생각해 보면 데카르트가 '생각하는 것'을 "의심하고, 이해하며, 긍정하고, 부정하며, 의욕하고, 의욕하지 않으며, 상상하고, 감각하는 것"으로 답했을 때 그의 의도는 '생각하는 것'에 대한 정의를 제공하려는 데 있지 않았습니다. 그렇게 하기보다는 오히려 생각의 여러 양태들, 곧 생각이 구체적 활동으로 드러나고 표현될 수 있는 여러 방식들 가운데 몇 가지 대표적인 경우를 열거하고자 한 것이라 봄이 옳습니다. 왜냐하면 열거된 목록으로부터 우리는 생각한다는 것에 대한 정의를 이끌어 내기보다는 생각함의 여러 모습들을 보기 때문입니다.

데카르트의 목록을 통해서 우리가 얻을 수 있는 첫 번째 배움은, 지적인 활동만이 생각에 속하는 것이 아니라 의욕하거나 의욕하지 않는 의지의 활동과 무엇을 감각적으로 지각하거나 느낌을 갖는 감성과 감정의 활동이 생각하는 행위에 속한다는 것입니다. 의심하고 이해하며 긍정하고 부정하는 일은 지적인 활동과 관련이 있고, 의욕하고 의욕하지 않는 것은 의지의 활동이고, 상상하는 것은 지성과 감성이 함께 개입된 활동이며, 감각하는 것은 감성의 활동입니다. 우리말에도 "마음을 낸다"(生心)거나 "무엇을 할 마음이 없다"거나 "그럴 생각이 없다"는 경우는 욕구의 유무를 표현합니다. "느낌이 좋다"거나 "분위기가 심상치 않다"고 할 때는 감정을 표현합니다.

생각한다는 것은 이렇게 보면 사람이 지닌 지성(이성)과 의지와 감정(감성)을 하나로 통합하는 한 인격체(a person)에게 매우 중요한 활동입니다. 인간이 의미 있게 하는 활동에 생각이 수반되지 않는 경우가 없다고 본다면 생각한다는 것은 다른 모든 행위를 근거 짓고 떠받쳐 주는 기본적이고(basic) 토대적인(foundational) 행위라고 보아야 할 것입니다. 따라서 어떻게 생각하고 행동하느냐는 것은 실제 생활에서도 매우 중요합니다.

데카르트의 목록을 통해서 우리가 얻을 수 있는 두 번째 배움은, 생각한다는 것은 언제나 '지향적'(intentional)이라는 사실입니다. 다시 말해, 생각은 언제나 다른 무엇을 향합니다. 무엇을 의심한다면 의심하는 나는 의심되는 대상(주장, 사람, 속성, 문제, 사실 등)을 향하여 의심합니다. 무엇을 이해하고 긍정하거나 부정하는 방식으로 판단한다면 이해하고 판단하는 나는 이해되고 판단되는 대상을 향하여, 그 대상을 이해하고 판단합니다. 상상의 경우나 감각적 지각이나 느낌의 경우도 상상되는 것, 감각 기관을 통해서 지각되는 것, 또는 느껴지는 것을 향해서, 그것들을 대상으로 삼아 나는 상상하고 지각하고 느낍니다.

생각한다는 것은 무엇을 향해서, 무엇에 대해서, 그것을 대상으로 삼아 하는 행위입니다. 따라서 만일 이 '무엇', 다시 말해 그것이 어떤 주장이건 사람이건 문제이건 아니면 어떤 근원적 사태이건 간에, 이 '무엇'이 없이는 생각이라는 행위를 할 수 없습니다. 그러므로 생각하는 행위는 결코 단지 주관적일 수 없습니다. 비록 '생각되는 것'(cogitatum)이 나의 생각 속에, 나의 관념 속에 담겨서 생각된다고 하더라도, 그것의 실질적인 내용은 생각하는 사람과는 구별된 바깥으로부터 주어지지 않고서는 생각하는 사람이 스스로 산출할 수 있는 것이 아닙니다.

예컨대 노랑이나 빨강을 생각한다고 해 봅시다. 이때 우리의 의식은 노랑이나 빨강을 스스로 산출하지 않습니다. 노랗게 보이는 대상과 빨갛게 보이는 대상을 떠나, 그것과 전혀 상관없이 노랑이나 빨강의 개념이 형성되지 않습니다. 이렇게 보면 (데카르트의 주장과는 달리) 생각한다는 것은 마음과 세계 사이, 마음과 세계가 이어지는 이 '사이' 공간에서 발생하는 일이라고 볼 수 있습니다.

생각이 발생하는 '사이'에 대해서 조금 더 생각해 보도록 합시다. 지금 저는 생각에 대해서 생각하고 있습니다. 이 생각은 어떻게 생기는 것인가요? 이때의 '사이' 또는 '사이 공간'은 지금 이 글을 쓰고 있는 저와 컴퓨터 화면 사이가 될 것입니다. 저는 생각을 하면서 키보드를 누르며, 그것이 화면에 나타난 것을 보고 생각을 계속 이어 갑니다. 저의 생각은 "생각한다"라는 주제를 생각하는 저와 생각의 결과로 화면에 나타난 문자 사이를 오고 감으로 생산되고, 유지되고, 다시 수정되어 한 걸음씩 앞으로 나가거나 뒤로 물러나게 됩니다.

'사이'는, 그러나 여기에 한정되지 않습니다. 제가 가진 생각과 글쓰기의 공간을 만들어 내는 '사이'에는 제가 이 글을 가지고 얘기할 장소와 시간, 그곳에 참석할 사람들, 또는 이 글을 읽을 독자들과 모종의 관계도 포함됩니다. 다른 사람들, 사물들, 사건들이 현재 제가 "생각한다"라는 주제를 생각하는 순간, 저의 생각 바깥으로부터 생각의 자료로 끊임없이 '사이 공간'으로 유입됩니다.

여기서 잠시 다시 멈추어 서서 두 가지를 언급해야겠습니다. 하나는 시간 양태(과거, 현재, 미래)가 생각과 밀접한 연관을 맺는다는 것이고, 다른 하나는 생각을 가능하게 하는 '사이 공간'으로 유입되는 생각의 자료들의 종(種)이 단순한 하나의 대상에 국한되지 않는다는 것입니다. 시간 양태에 따라 나는 과거의 것들을 기억하고 회상하고 그 속으로 빠져들어가 그 일에 대한 생각에 잠길 수 있습니다. 나는 아직 일어나지 않은 일을 계획하고 설계하고, 주어진 여건과 상황에 따라 미래 상황을 여러 가지로 예측해 볼 수 있습니다.

예컨대 지금 이 순간, 나는 "생각한다"라는 주제를 이렇게 저렇게 따져 보고 묻고 상상하고 추론할 수 있습니다. 생각은 이렇게 시간 지평 안에서 현재를 기점으로 과거와 미래를 자유롭게 오갈 수 있습니다. 이렇게 자유롭게 오가는 생각의 대상은 개별적 사물이나 인물이 될 수 있고, 사물이나 인물이 지닌 속성일 수도 있고, 추상적 개념일 수도 있습니다. 우리나라를 생각하거나, 어제 있었던 일을 생각하거나, 남들이 하는 말들을 생각할 수도 있습니다. 겸손이나 정의, 용기를 생각할 수도 있고, 논리학에서 볼 수 있는 관계(가령 "p이면 q이다. p이다. 그러므로 q이다")를 생각할 수도 있습니다.

심지어 칸트가 "초월적 이념"이라 부른 '신'과 '영혼 불멸성'과 '세계'와 같이 사람이 볼 수도 없고, 만질 수도 없고, 경험적으로 입증할 수 없는 대상에 대해서도 나는 생각할 수 있습니다. 뿐만 아니라 남들이 어떻게 생각하는지, 내 판단과 행동이 어떤 결과를 가져올지, 점심으로 무엇을 먹을지, 찾아오는 손님 마중을 어떻게 나가야 할지, 어떤 교통수단을 사용해야 할지, 이런 것들을 생각합니다. 여기에는 묻고, 따지고, 찾아내고, 새로운 것을 고안하고, 추론하고, 선택하고, 결정하는 활동이 모두 관여합니다.

이렇게 보면 생각한다는 것은 대상도 다양할 뿐 아니라 활동 자체도 복합적인 여러 활동으로 이루어져 있습니다. '생각한다'는 동사는 '먹는다'는 동사만큼이나 다양한 행위 대상과 활동의 복합성을 나타냅니다. 먹는 음식의 종류가 다양하고, 먹을 음식을 보고, 손으로 집고, 입으로 가져와서, 받아들여 씹는 과정에 투입되는 동작이 복합적이지만 그럼에도 먹는 사람의 행동을 통해서 먹는 행위가 하나의 질서 있는 단일 행동으로 구성되듯이, 생각한다는 것도 비록 대상이 다양하고 과정이 복잡하다 하더라도 '생각하는 사람'(a thinker)을 통해서 하나로 통합된 행위로 드러납니다. 따라서 우리가 무엇을 생각한다고 할 때 대상이나 활동이 다양하고 복합적으로 이루어진다 해도, 생각한다는 활동 자체는 다른 동작이나 행동과 구별되게 테두리를 만들고 윤곽을 지을 수 있는 방식으로 나타납니다.

생각한다는 행위에 대해서 지금까지 서술한 내용은 어떤 생각을 하든지, 어떤 방식으로 생각을 하든지 거의 보편적으로 일어나는 현상입니다. 공부를 오래 하거나 특출한 사고 능력을 가지지 않았더라도 일반적인 경우에 사람이면 누구나 이것들을 공유합니다.

2

그러면 생각을
어떻게
이해할 것인가?

생각이 단 하나의 방식으로, 단 하나의 양태로 발생하지 않는다는 사실에 이제 주목해 보면 좋겠습니다.

문화에 따른 사고의 차이

첫 번째로, 인간의 사고, 인간의 생각함은 세계관과 사고방식, 문화와 지역과 관련해서 구별됩니다. 이 가운데 아마 통상 주목받는 것이 '동양적 사고'와 '서양적 사고'의 차이일 것입니다. 19세기부터 철학자, 역사학자, 문화인류학자들은 두 문화, 두 지역의 사고방식의 차이를 주장했습니다. 예컨대 에드워드 사피어(Edward Sapir)와 벤자민 리 워프(Benjamin Lee Whorf)는 생각함의 언어 상대성을 내세웠습니다. 어떻게 생각하느냐 하는 것은 어떤 언어를 쓰느냐에 달려 있다고 본 것입니다.

미시간 대학 심리학자 리처드 니스벳(Richard Nisbett)이 《생각의 지도》(김영사, 2004)에서 그동안 거의 상식이 된 서양과 동아시아의 사고 차이를 실증적으로 확인한 연구 결과를 제시합니다. 서양인이나 동아시아인이 생각을 한다는 점에서는 모두 동일하되, 생각하는 방식, 생각의 내용, 생각에 적용되는 논리에는 차이가 있음을 니스벳은 드러냅니다. 그의 생각은 서문에 간결한 형식으로 드러나 있습니다.

"동양과 서양의 사회 구조에서의 차이, 그리고 동양인들과 서양인들의 자기 개념에서의 차이는 그들이 사고 과정과 사고 내용에서 보이는 차이와 일치한다. 즉 동양 사회의 집합주의적이고 상호 의존적인 특성은 세상을 보다 넓게 종합적으로 보는 시각, 어떤 사건이든지 수없이 많은 요인들과 복잡하게 얽혀 있는 것으로 보는 견해와 일맥상통한다. 같은 논리로, 서양 사회의 개인주의적이고 독립적인 특성은 개별 사물을 전체 맥락에서 떼어 내어 분석하는 그들의 접근, 사물들을 다스리는 공통의 규칙을 발견할 수 있고 따라서 사물의 행동을 통제할 수 있다는 그들의 신념과 통한다. 다른 문화권의 사람들이 사고의 체계에서 정말로 다르다면, 태도, 신념, 가치, 선호와 같은 심리적 특성들에서 나타나는 문화권의 차이는 단순한 차이가 아니라 세상을 이해하는 데 사용하는 생각의 도구가 다르기 때문에 나타나는 불가피한 결과일 것이다."*

　동서양의 사고방식 차이를 니스벳은 마치 처음 접하는 것처럼 말하지만, 사실은 철학자들이나 인류학자들, 역사학자들에게는 이미 하나의 상식입니다. 지역에 따라, 문화와 관습에 따라 생각하는 방식에 차이가 있다는 것을 의식하고, 이러한 관점을 가지고 동서양인들이 상호 소통할 경우 오해를 최소화하고 상호 이해를 증진시킬 수 있습니다. 그러므로 지역에 따라 생각이 다를 수 있다는 사실, 곧 생각에도 지리적인 연관이 중요하다는 사실을 실증적인 연구를 통해서 다시 일깨워 주었다는 점에서 니스벳의 공로를 인정할 수 있습니다.

　문화적, 지역적 차이뿐만 아니라 신앙의 차이도 생각의 방식, 생각의 방향과 관련해서 중요합니다. 유신론적 신앙인가? 무신론적 신앙인가? 유신론적 신앙 가운데서도 유대교적 신앙인가? 이슬람적 신앙인가? 아니면 기독교적 신앙인가? 어떤 신앙인가에 따라 세계와 삶과 자신을 보는 데서, 일을 처리하는 과정에서 차이가 생깁니다. 기독교 신앙 안에서도 로마가톨릭 신앙인가, 개신교 신앙인가? 개신교 가운데서도 루터 전통의 복음주의 교회의 신앙인가, 칼빈을 따르

---

* 리처드 니스벳, 최인철 옮김, 《생각의 지도》(김영사, 2004), 17.

는 개혁 교회 신앙인가에 따라 사고의 방식에서 차이가 드러납니다.

세계와 인간

두 번째로, 세계와 인간의 관계를 생각하고 해석하는 방식의 차이, 문화의 차이를 따라 생각하는 방식의 문제를 이야기할 수 있습니다. 예컨대 반 퍼슨은 "신화적 사고"(주변 세계 속에 인간의 '참여'가 중시됨), "존재론적 사고"(세계와 인간의 분리, 곧 '거리'가 중요), "기능적, 관계적 사고"(세계와 인간의 상호 관계, 곧 '관계'와 '방식'이 중시됨)를 구별합니다. 이 세 가지 사고방식의 차이에 대해서 반 퍼슨은 이렇게 쓰고 있습니다.

"신화적 태도는 사실이 단순히 존재한다는 사실 자체에 관심이 있고, 존재론적 태도는 사물의 본질에 관심이 있다면, 기능적, 관계적 태도는 방식에 관심이 있다. 물론 사물의 존재, 수의 존재, 단어의 의미, 규범 등에 관한 물음이 없는 것은 아니다. 이 모든 것의 본질이 무엇인가를 알기 위해 끊임없이 연구를 계속한다. 하지만 존재나 본질은 그것들과 관계하는 방식을 이해할 때 문제가 된다. '방식'이란 어떤 것이 우리에게 현상하는 방식, 우리가 그것과 관계하는 방식, 그것이 가진 기능을 말하는 것이다.

예컨대 어떤 규범이 있다고 할 때 그것을 무조건 사람들 앞에 내놓거나 그 규범을 정의하여 사람들에게 따르도록 곧장 요구할 수는 없다. 그와 같은 규범이 개인이나 사회에 무슨 의미가 있으며 구체적인 삶에 어떻게 적용할 수 있는가 하는 것을 먼저 따져야 한다. 이 '어떻게'가 선행한 뒤에, 그리고 그것이 가진 기능이 예시된 뒤에야 비로소 규범은 현실성을 띠게 되고 사람들이 모두 그것에 각자 관련되어 있다는 느낌을 갖게 된다."*

반 퍼슨이 서술하는 사고방식의 전개는 서양 사회와 사상에 적합한 것이라 말하고 싶어 할 분도 있을 것입니다. 그러나 우리의 변화된 삶의 양식과 사고방식을 고려하면 반 퍼슨의 서술은 그리 낯설지만은 않습니다.

예를 들어, 아버지와 선생님의 권위를 생각해 보십시오. 이 권위를 수용하는 방식에는 세 가지 사고방식이 적용될 수 있습니다. 신화적 사고에서, 엄밀한 의미에서 아버지와 선생님의 독립된 권위를 말하기는 쉽지 않습니다. 왜냐하면 아버지와 선생님은 모두 이들보다 더 큰 힘에 다 같이 종속되어 있기 때문입니다. 그러므로 그들이 자식이나 제자에게 권위

* C. A. 반 퍼슨, 《급변하는 흐름 속의 문화》, 125.

를 행사하는 것이 있다면 그야말로 먼저 태어난 사람으로, 좀 더 중요한 역할을 맡고 있을 뿐 아니라 삶의 원천과 훨씬 가까운 자리에 위치해 있음으로부터 우러나온 권위일 가능성이 높습니다.

한편 아버지와 선생님의 권위를 하늘로부터 받은 권위로, 권위에 종속된 자의 의지와 인정과 무관하게 선험적으로 주어진 것으로 생각한다면 이미 일종의 '존재론적 방식'으로 사고를 하는 것이 됩니다. 이것이 화석화되면 마치 '아버지 자체', '선생님 자체'에 권위가 주어진 것처럼 보는 실체주의적 권위관에 빠지게 됩니다.

그러나 권위를 행사하는 방식에 따라, 권위 아래 있는 자의 인정과 수용과 관련해서 권위를 보게 된다면 이미 '기능적, 관계적 사고방식'으로 권위를 보는 것이 됩니다. 이와 같은 사고방식의 차이를 이해하는 것은 자신과 주변 세계, 인간 삶의 다양한 모습을 이해하는 데 도움이 됩니다.

반 퍼슨은 신화적 사고와 존재론적 사고, 기능적(관계적) 사고를 서로 다른 사고방식의 모델로 제시할 뿐 아니라 이들이 각각 지닌 부정적 측면을 동시에 드러냅니다. 신화적 사고는 주술적 사고의 어두움을 안고 있고, 존재론적 사고는 실체주의적 사고의 어두움을, 기능적, 관계적 사고는 모든 것을 텅 빈 형식이나 규칙으로 환원해 보려는 조작주의적 사고의 어두움을 안고 있습니다.

존재론적 사고는 신화적 사고의 화석화인 주술적 사고를 깨뜨리고, 기능적, 관계적 사고는 존재론적 사고가 화석화된 실체주의적 사고를 깨뜨립니다. 그러나 기능적, 관계적 사고도 조작주의로 빠질 위험이 있다는 것을 반 퍼슨은 지적합니다. 기능적 사고와 조작주의적 사고의 관계에 관한 그의 논의만 잠시 살펴보겠습니다.*

"조작주의는 [기능적 태도의] 다른 것을 향해 가리키는 손가락을 자기 손아귀에 움켜쥔다. 열린 것, 다른 것과 관계하는 것을 자신의 힘으로 지배하고자 하는 권력 욕구가 또다시 등장한다. 그러므로 절차와 조작, 청사진과 조직 편성표 따위로 모든 것이 또다시 환원된다. '환원'이란 어느 곳으로 '돌려보내는 것'을 말한다. 그러므로 무엇을 가리켜 '수량적으로 계산할 수 있는 과정'에 지나지 않는다고 한다면 그것은 곧 쉽게 조종할 수 있는 대상으로 환원할 수 있음을 뜻한다. 다른 것과의 관계, '초월', 이와 같은 것은 모두 내재성으로 환원된다. 그리하여 방법, 절차 또는 조작에 갇히고 만다. 이것이 현대의 위험이다. 모든 것은 숫자, 관료 지배, 실증주의, 대중 조작 따위로 환원된다."

* 앞의 책, 139-40.

조작주의의 위험에 빠지지 않으려면 역시 생각해야 합니다. 그러자면 가장 손쉽게 할 수 있는 일은 물음을 던지는 것입니다. 어떤 상황이 고착화되고, 가치가 화석화되고, 텅 빈 형식의 권위만이 사람을 옭아맬 때 그러한 상황의 정당성 자체를 의문시하고 물음을 던짐으로써 초월로 향한 열림의 시작을 앞서 경험할 수 있습니다. 물음을 통한 생각을 하지 않고서는 주술적 사고나 실체주의적 사고, 또는 조작주의적 사고가 초월적인 것을 내재화하여 열린 문을 닫고 인격을 무시하거나 말살하려고 할 때 그것으로부터 벗어날 길이 없습니다. 따라서 끊임없이 질문하고, 끊임없이 생각해야 합니다. 여기에 맞닿아 있는 것이 곧 윤리적 의식입니다.

사고의 다양성

세 번째로, 생각하는 태도와 다양한 지식이 다양한 생각을 만드는 경우를 생각해 볼 수 있습니다. 먼저 생각하는 태도에 대해서 생각해 보지요. 예컨대 긍정적인 사고와 부정적인 사고, 성숙한 사고와 미숙한 사고, 공정한 사고와 편파적 사고, 추상적 사고와 구체적 사고, 비판적 사고와 무비판적 사고, 과학적 사고와 미신적 사고, 공동체적 사고와 개인주의적 사고 등 서로 대조해 볼 수 있는 사고의 태도들이 있습니다.

서로 대립되는 형용사를 붙여 생각함의 태도를 여러 가지로 서술할 수 있다는 것은 무엇보다 우리가 생각을 하되, 다양한 지식과 배경, 다양한 입각점, 그리고 다양한 개인의 성격을 통해서 생각한다는 사실을 보여 줍니다. 사고의 태도는 가치 평가의 대상이 된다는 사실도 여기서 드러납니다. 예컨대 긍정의 힘에 신뢰를 보내는 사람은 부정적 사고를 배척하고, 과학적 사고를 이성적 인간이 가질 수 있는 유일한 사고 태도로 보는 사람은 미신적 사고를 싫어하며, 개인주의적 사고에 철저한 사람은 공동체 우선으로 모든 것을 생각하는 사람을 달갑지 않게 봅니다. 마찬가지로 비판적 사고를 우위에 두는 사람은 무비판적으로 모든 것을 수용하는 사람의 태도를 합리적인 삶의 태도로 보지 않습니다.

또 여러 가지 사고의 태도 가운데 예컨대 미숙한 사고를 극복하고 성숙한 사고로 나아가야 한다든지, 편파적인 사고의 태도를 버리고 공정한 사고를 해야 한다는 것에 대해서 대부분 동의할 것이지만, 언제나 비판적 사고와 과학적 사고, 추상적 사고 태도를 가져야 한다고 하면 사회와 문화에 따라 잘 수용하지 못하는 경우도 있습니다. 그 이유가 무엇일까요? 무엇이 부정적 사고보다 긍정적 사고를, 비판적 사고보다 무비판적 사고를 선호하게 만들까요?

중요한 것은 바로 믿음과 가치 평가입니다. 믿음과 가치 평가는 그로 인해 산출되는 결과를 기대하는 방식과 연관이 될 것입니다. 예컨대 부정적 사고보다는 긍정적 사고를 선호하는 경우는 긍정적 사고로 인해 바라는 결과가 그렇지 않은 경우보다 더 기대될 수 있다고 믿기 때문입니다. 미숙한 사고보다 성숙한 사고에 더 가치를 두고 그것을 더 선호하는 이유는 예컨대 미숙한 사고의 자아 중심성보다는 성숙한 사고로 인해 초래될 자기 포기와 타인과 공동체에 대한 배려를 더 중요하게 생각하기 때문일 것입니다. 어떤 집단, 어떤 사회에서 비판적인 사고보다 무비판적 사고를 더 선호할 경우에는 아마도 무비판적 사고를 통해 빚어지는 복종이나 맹종을 더 가치 있게 생각하기 때문일 것입니다. 어떤 믿음, 어떤 가치를 공동체가 선호하는가에 따라 어떤 사고는 선호되고 어떤 사고는 배척되는 경우를 볼 수 있습니다.

사고 유형

네 번째로, 어떤 한 지식(학문)의 영역으로부터 형성되는 사고 유형에 대해서 생각해 볼 수 있습니다. 예컨대 수학적 사고, 물리학적 사고, 경제적 사고, 역사적 사고, 신학적 사고,

종교적 사고, 논리적 사고, 형이상학적 사고, 탈형이상학적 사고, 철학적 사고, 사회학적 사고 등 수없이 많은 사고가 논의될 수 있습니다.

여기서 유념할 것은 한 학문 영역을 토대로 해서 발생하는 사고 또한 우리의 삶에서 중요한 역할을 한다는 것입니다. 통계학을 어느 정도 이해하는 사람이라면 여러 종류의 여론조사나 사회 조사 결과에 민감하게 반응하고 이를 바탕으로 일상의 사건들을 해석하고 판단하기 마련입니다. 경제학을 한 사람은 삶의 모든 측면을 경제학적 사고를 통해 이해하고 판단하는 경향을 가집니다. 심리학을 한 사람은 경제 현상이나 정치 현상, 심지어는 예술이나 종교마저도 심리학을 전혀 하지 않은 사람보다는 더 자주, 더 광범위하게 심리학적인 방식으로 생각하고 이해하고 판단할 것입니다. 마찬가지로 윤리학적 지식을 가진 사람은 인간의 행동과 사건들을 윤리적 시각을 가지고 생각하고 판단하려 합니다. 논리학을 배운 사람일 경우 어떤 주장의 논리적 근거를 따질 확률이 논리학을 전혀 배운 적이 없는 사람보다 높을 것임은 어렵지 않게 짐작할 수 있습니다.

이처럼 한 사람이 가진 특정 분야의 지식은 그 사람의 사고 틀을 만들고 주어진 상황이나 문제를 그 틀을 가지고 보게 합니다. 만일 이것이 사실이라면 삶의 현실을 보고 이해하는 일에 어떤 결과를 가져오겠습니까? 무엇보다도 삶의 현실을 한 지식 영역을 토대로 남들이 보지 못하는 방식으로 보고 생각할 수 있는 가능성을 열어 준다는 것이 지적될 수 있을 것입니다. 그러나 만일 한 학문(예컨대 심리학이나 역사학, 사회학, 물리학 또는 생물학)을 통해서 삶의 현상(가령 정치, 종교, 예술 등)을 모두 설명해 버리고자 하면 결국에는 심리학주의나 역사주의, 사회학주의, 물리주의, 또는 생물학주의와 같은 '환원주의'에 다다르게 됩니다.*

따라서 사회학적 사고나 역사적 사고, 또는 수학적 사고나 물리주의적 사고 등으로 인해 환원주의에 빠지지 않으려면 다양한 학문을 고르게 섭렵하여 인간과 현실을 여러 갈래, 여러 겹을 통해 보고 생각하는 훈련을 거쳐야 합니다. 현실의 다면성과 다층성은 인간 사고의 다양성과 여러 세계관의 가능성을 검토하고 반성할 수 있는 지적 훈련을 통해서 드러납니다. 철학과 역사, 또는 다양한 관점의 철학사가 필요한 지점이 바로 여기일 것입니다.

---

* 환원주의 문제를 좀 더 깊이 공부하고 싶은 분에게는 헤르만 도예베르트(H. Dooyeweerd)의 전통을 존중하는 로이 클라우저(Roy Clouser)의 《종교적 중립성의 신화》(아바서원, 2017)를 권합니다. 이 책은 학문 안에서 발생하는 환원주의 문제를 심각하게 보고 비판적으로 다룰 뿐만 아니라 환원주의에 함몰되지 않는 학문 이론을 구축하는 일에도 심혈을 기울이고 있습니다.

3

생각의
윤리

생각을 하되, 어떻게 생각해야 하는가 하는 것이 이제 관심의 대상입니다. 생각을 말할 때 우리는 논리적 사고를 늘 먼저 거론합니다. 그런데 어떻게 생각하는 것이 논리적으로 생각하는 것일까요? 논리적 사고를 포함해서 저는 세 가지 방식의 사고를 일종의 '생각의 윤리'로 제안하고자 합니다.

논리적 사고

먼저 논리적 사고를 생각해 보지요.* 가장 초보적 수준에서

---

* 이 부분에 담긴 이야기는 이제는 고전이 된 어빙 코피(Irving Copi)나 웨슬리 새먼(Wesley Salman)의 논리학 교과서나 그 밖의 논리학 관련 책에서 쉽게 확인할 수 있습니다. 혹시 영어를 쉽게 읽을 수 있는 분들에게는 Anthony Flew의 *How to Think Straight: An Introduction to Critical Reasoning*(Prometheus Books, 1998)을 추천합니다.

얘기를 시작하자면 이렇게 말할 수 있습니다. 사람의 생각은 개념을 형성합니다. 예컨대 '꽃', '장미', '붉음', '아름다움' 등을 우리는 '개념'이라고 부를 수 있습니다. 더 엄밀하게 말하자면 이러한 단어 속에 담긴 '객관적인 사고 내용'을 일컬어 '개념'이라고 합니다. 그런데 생각은 여기에 그치지 않습니다. 개념과 개념을 연결하는 작용, 곧 판단 작용이 생각의 기능 가운데 또 하나의 중요한 기능입니다. 판단 작용을 다르게 표현하면, 사물에 관해서 일정한 방식으로 술어를 붙이는 일(predication)입니다.

술어 붙이기는 칸트를 따르면 네 가지 형식, 곧 서술되는 대상의 양(하나인가, 여럿인가, 모두인가), 질(긍정인가, 부정인가), 관계(정언적인가, 가언적인가, 선언적인가), 그리고 양상(할 수 있다[추정], 할 것이다[단언], 해야 한다[필연])으로 이루어집니다. 개념과 개념의 연결을 통해 하나의 판단(또는 명제)이 이루어지고, 개별적인 명제로부터 추론이 가능합니다.

예컨대, "소크라테스는 사람이다", "사람은 모두 죽는다"는 두 명제로부터 "그러므로 소크라테스는 죽는다"는 결론을 얻을 수 있습니다. 이렇게 결론을 얻는 과정을 '추론'(inference)이라 부릅니다. 따라서 생각한다는 것, 그 가운데서도 논리적으로 생각한다는 것은, 이런 관점에서 보면 '추론한다'는 말과 같습니다. 추론이 언어 형식을 갖추었을 때 우리는 그것을 '논변'(argument)이라 부릅니다.

예를 들어 보지요. 어떤 사람이 주말에 산행을 계획한다고 합시다. 일기 예보에 따르면 주말에 비가 옵니다. 이로부터 상식적인 추론 능력을 가진 사람이면 누구나 산행을 포기하거나 비옷을 준비해야 한다는 생각을 할 것입니다. 이렇게 추론하는 과정 자체는, 만일 그것이 마음속으로 생각하는 단계에 머물러 있다면, 엄밀한 의미에서 '논변'이라 부르지 않습니다. 왜냐하면 논변이 되려면 추론의 내용이 명제의 형식으로 표현이 되어야 하기 때문입니다. 우리가 일상에서 자연스럽게 생각하는 방식을 일단 명제로 다음과 같이 표현해 볼 수 있습니다.

(1) 만일 비가 온다면 산행을 포기하거나 비옷을 가지고 가야 한다. 비가 온다. 따라서 산행을 포기하거나 비옷을 가지고 가야 한다.

혼자 생각하는 데에만 머물러 있다면 굳이 이런 방식으로 표현할 필요는 없겠지만, 만일 내가 하는 추론이 타당한지 아닌지를 검토하려면 명제 형식을 취해서 이렇게 표현해 보는 것이 유익합니다. 이렇게 논변을 구성하고 나면 나의 추론을 객관적으로 검토할 수 있습니다.

이 추론은 "만일 p이면 q이거나 r이다. p이다. 그러므로 q이거나 r이다"라는 논변의 형식을 가집니다. 이 논변은 전제가 참이면 결론이 참일 수밖에 없는 추론입니다. 만일 주말에 비가 온다면 나는 산행을 포기하거나 아니면 비옷을 챙겨야 합니다. 논리적으로 제대로 생각하지 않는다면 (그럴 만한 사람은 많이 없겠지만) 산행을 가면서도 비옷을 챙기지 않을 수 있습니다. 그러나 대부분은 이 추론을 따라 둘 중 하나를 선택하게 됩니다. 전제가 참이라면 결론도 참이기 때문입니다.

물론 여기서 물음을 던질 수 있습니다. 가령 전제 가운데 "비가 온다"는 명제가 참임을 어떻게 확보하느냐 하는 물음입니다. 일기 예보가 참이라는 가정을 통해 이 명제가 참임을 보증할 수 있습니다. 그런데 일기 예보는 확률의 문제일 뿐 필연성과는 거리가 있습니다. 그러므로 지금까지의 일기 예보의 정확성을 따른 신뢰 가능성에 이 명제의 진위가 의존해 있다고 말할 수 있습니다. 이 경우, "비가 온다"는 명제 자체가 참일 수 있는 가능성은 확률에 의존할 수밖에 없는 귀납 논변과 관련됩니다.

다른 예를 보지요. "지금까지 내가 본 백조는 모두 희다"고 합시다. 그렇다면 이제까지 내가 본 백조를 바탕으로 "모든 백조는 희다"고 할 수 있습니다. 그렇지만 이러한 결론은 만일 검은 백조가 발견된다면 금방 거짓으로 드러납니다. 백조

(白鳥)라는 이름도 바뀌어야겠지요.

여기서 논리적으로 생각한다는 것은 그것의 형식이 연역 추론이든 귀납 추론이든 간에 어떤 무엇을 주장했을 때 그 주장이 근거 있는 주장인가 아닌가를 따져 보는 것이라고 말할 수 있습니다. 이때 근거(전제)는 주장(결론)을 뒷받침해 주는 것입니다. 많은 경우, 근거 없이 주장만 내세울 수 있습니다. 근거를 제시했다 하더라도 제시된 근거와 주장 사이에 논리적 연관이 없을 수 있습니다. 오류(fallacies) 가운데서도 비형식적 오류의 부류에 드는 오류들은 대체로 주장과 근거 사이에 논리적 연관이 없는 경우에 해당합니다.

이렇게 논리적 연관의 여부(타당성과 건전성 등의 검토를 포함해서)를 따져 보는 사고를 논리학에서는 '비판적 사고'(critical thinking)라고 부릅니다. 이때 '비판적'이란 근거, 증거, 또는 (논변의 형식에서 보자면) 전제를 찾아내고 그것을 평가하는 활동을 일컫는 말입니다.

'비판적 사고'가 일상생활에 어떤 의미가 있는지 다시 한 예를 통해 생각해 보지요. 수사관이 어느 집에 든 강도의 침입 경로를 조사하면서 하나의 가설을 세운다고 해 봅시다. 만일 강도가 화단 위의 창문을 통해 들어왔다면 창틀 아래 있는 화단에 발자국이 생겼을 것입니다. 그런데 만일 화단에 발자국이 없다면 강도가 이 창문을 통해 들어왔다는 것이 부정될 것입니다.

(2) 만일 강도가 이 창문을 통해 들어왔다면 창틀 아래 화단에 발자국이 있을 것이다. 창틀 아래 화단에 발자국이 없다. 따라서 강도는 이 창문을 통해 들어오지 않았다.

이 경우는 부정 논법(modus tollens) 또는 후건 부정식("p이면 q이다. -q이다. 그러므로 -p이다")에 해당하는 타당한 논변입니다.

그러고 보니 후건 부정식에 관해서 잠시 설명을 해야겠군요. "만일 강도가 이 창문을 통해 들어왔다면 창틀 아래 화단에 발자국이 있을 것이다"라는 문장에는 두 문장이 들어가 있습니다. 하나는 조건을 표시하는 데 쓰인 "강도가 이 창문을 통해 들어왔다"는 조건절이고 다른 하나는 "창틀 아래 화단에 발자국이 있다"는, 결과를 표시하는 결과절입니다. 앞의 조건을 표시하는 조건절을 '전건'이라 부르고 뒤의 결과를 표시하는 결과절을 '후건'이라 부릅니다. '후건 부정식'은 뒤에 따라 나오는 결과절을 부정함으로 앞에 나온 전건절의 부정을 얻어 내는 방식의 논법입니다. "만일 강도가 이 창문을 통해 들어왔다면 창틀 아래 화단에 발자국이 있을 것이다. 그런데 창틀 아래 화단에 발자국이 생기지 않은 것을 보니 강도가 이 창문을 통해 들어오지 않았구나"라는 식으로 추론하는 방식입니다.

그런데 수사관이 화단에 발자국이 생긴 것을 보고는 강도가 이 창문을 통해서 들어왔다고 확신한다고 해 봅시다.

(3) 만일 강도가 이 창문을 통해 들어왔다면 창틀 아래 화단에 발자국이 있을 것이다. 창틀 아래 화단에 발자국이 있다. 따라서 강도는 이 창문을 통해 들어왔다.

또는 강도가 이 창문을 통해서 들어오지 않았다면 화단에 발자국이 생기지 않았을 것이라 생각한다고 해 보지요.

(4) 만일 강도가 이 창문을 통해 들어왔다면 창틀 아래 화단에 발자국이 있을 것이다. 강도는 이 창문을 통해서 들어오지 않았다. 따라서 창틀 아래 화단에 발자국이 생기지 않았다.

그러나 이 두 경우(3과 4)는 추론이 잘못된 것입니다. 화단에 생긴 발자국이 강도의 것이 아닐 수가 있고(3의 경우), 강도가 이 창문을 통해 들어오지 않았더라도 다른 사람이 그곳을 지나가면서 화단에 발자국을 남겼을 수도 있습니다(4의 경우).

조건(condition)과 결과(consequence)를 생각할 때 충분조건을 마치 필요조건인 것처럼, 또는 필요충분조건인 것처럼 오

해할 수 있습니다. "p이면 q이다"라고 할 때 p는 q의 충분조
건입니다. (4)의 경우, 강도가 이 창문을 통해 들어오지 않았
다고 해서 화단에 발자국이 생기지 않았다고 결론을 짓는 것
("만일 p이면 q인데, -p이므로 -q이다")은 p가 마치 q의 (충분조건이
아니라) 필요조건인 것처럼 혼동한 결과입니다(만일 p가 q의 필
요조건이라면 -p에서 -q를 추론할 수 있습니다). (3)의 경우, 화단에
발자국이 생겼다고 해서 강도가 이 창문을 통해서 들어왔다
고 결론짓는 일("만일 p이면 q인데, q이므로 p이다")은 p가 q의 유
일한 필요충분조건인 것처럼 혼동한 결과입니다(만일 p가 q의
유일한 필요충분조건이라면 q에서 p를 추론할 수 있습니다).

좀 더 직관적인 예를 들어 두 논변이 타당하지 않음을 드러
내 보지요. 돌팔이 의사가 이렇게 말했다고 합시다.

(5) 만일 네가 내 약을 먹으면 네 병이 나을 것이다. 너는
내 약을 먹었다. 그러므로 네 병이 나았다.

이것은 타당한 논변입니다. 긍정 논법(modus ponens) 또는
전건 긍정 논법("p이면 q이다. p이다. 따라서 q이다")이지요. 전건
긍정 논법이란 (앞에서 설명한 부정 논법의 경우와는 반대로) 앞에 나
오는 조건절을 긍정함으로 뒤에 따라오는 결과절을 긍정하
는 방식입니다. 그런데 다음과 같이 주장했다고 해 봅시다.

(6) 만일 네가 내 약을 먹으면 네 병이 나을 것이다. 네 병이 나았다. 그러므로 너는 내 약을 먹었다.

(7) 만일 네가 내 약을 먹으면 네 병이 나을 것이다. 너는 내 약을 안 먹었다. 그러므로 네 병이 낫지 않았다.

병은 자연 치유가 되거나 다른 의사의 약을 먹고 나을 수 있으므로, 병이 나았다고 돌팔이 의사의 약을 먹었다고 할 수 없고, 돌팔이 의사의 약을 먹지 않아서 병이 낫지 않았다고도 할 수 없습니다. 이 두 경우를 논리학에서는 각각 '후건 긍정의 오류'(뒤에 따라오는 결과절을 긍정함으로 앞선 조건절을 긍정하는 경우로 빚어지는 오류)와 '전건 부정의 오류'(앞선 조건절을 부정함으로 뒤에 따라오는 결과절을 부정하게 됨으로 생기는 오류)라고 부릅니다.

좀 까다롭게 예를 들어 설명했지만, 비판적 사고란 우리의 자연적이고 일상적인 논리적 사고 능력을 분명한 형식으로 드러내 논리적 민감성을 갖게 하고, 타당한 추론을 바탕으로 이성적인 행동을 이끌어 가는 활동을 말합니다. 상황과 문제, 사안에 따라 훨씬 더 복잡하고 세밀한 사고 형식이 필요함은 두말할 나위가 없습니다.

비판적으로 생각함을 그리스 사람들은 '로곤 디도나이'(logon didonai)라고 불렀습니다. '로고스를 제공한다', 다시 말해 '근거를 제시한다'(to account for oneself)는 말입니다. 신약성경에 이와 가까운 표현을 찾아보자면 로마서 14장에 "직고하리라"로 번역되어 있는 구절이 아닐까 합니다. "네가 어찌하여 네 형제를 비판하느냐 어찌하여 네 형제를 업신여기느냐 우리가 다 하나님의 심판대 앞에 서리라 … 이러므로 우리 각 사람이 자기 일을 하나님께 직고하리라"(롬 14:10-12). 여기서 "직고하리라"라고 번역된 말은 '로곤 도세이'(λόγον δώσει), '책임을 질 것이다'라는 말입니다. 즉 로마서 말씀은 "이러므로 우리 각자가 자신에 대해서 책임을 질 것입니다"라는 의미입니다.

책임을 지는 것, 곧 자신의 말과 행위에 대해서 근거를 제시한다는 것은 이론적 태도에 머물지 않고 윤리적, 도덕적 책무를 다한다는 뜻을 담고 있음을 고려하면, 비판적으로, 논리적으로, 근거를 댈 수 있는 방식으로 생각함은 실천적이요 윤리적이라고 해야 할 것입니다. 한 개인뿐만 아니라 공동체 안에서, 공동체의 일원으로, 시민으로, 사람답게 살아가기 위해서 이러한 책무를 다할 수 있는 능력이 필요하다는 사실은 길게 서술하지 않아도 쉽게 수긍할 수 있습니다. 믿음 생활에서도 마찬가지입니다. 믿음도 근거 없이, 무턱대고 가지는 것이 아니기 때문입니다.

    지금까지의 논지를 한마디로 요약하면 '생각한다는 것은 추론하는 것'(To think is to reason)이라 말할 수 있습니다. 이러한 사고는 개인의 삶뿐만 아니라 공동체를 위해서 중요합니다. 그런데 생각이 추론에만 머물 수는 없습니다. 1950년대 말 이승만 대통령과 자유당이 집권한 시기, 이에 저항한 그리스도인 함석헌 선생은 "생각하는 백성이라야 산다"라고 큰 소리로 외쳤습니다.* 백성들이 생각해야 한다고 고함을 칠 때 함 선생님의 생각은 논리 규칙을 따른 추론에 한정되지 않았습니다. 자신을 돌아보고, 근원을 찾아가고, 제 스스로 물음을 던져 보고 반성하고 회개하는 일을 함 선생님은 생각이라 이해했습니다.

    그러므로 여기서 한 걸음 더 나아가서 다른 종류의 사고, 다른 종류의 생각 방식에 대해서 생각해 보지 않을 수 없습니다. 비판적 사고 외에도 일상의 삶을 위해 절실히 필요할 뿐 아니라 대학과 같은 교육 기관에서 가르치고 배워야 할 중요한 사고로 '창의적 사고'와 '공동체를 세우는 사고'가 있습니다.

* 〈사상계〉, 1958년 8월호.

창의적 사고

'창의적 사고'가 무엇일까요? 우리의 현실은 일정한 구조와 여러 규칙들로 짜여 있습니다. 구조와 규칙은 종교, 학문, 예술, 정치, 경제 등과 밀접한 연관을 맺고 있고, 이들은 명시화되거나 명시화되지 않은 규칙들로 운용됩니다. 이 규칙들은 사회 구조를 균형 잡힌 상태로 유지하는 일종의 안정화 수단으로 사용됩니다. 새로운 사고의 출현은 기존의 안정을 흔들거나 방해합니다. 기존 규칙은 이런 종류의 위반을 '틀린' 것으로 규정하거나 '부적합한' 것으로 기술함으로 이를 저지하거나 정정합니다. 부분적인 정정은 규칙의 체계 전체를 바꾸지 않지만 평행 상태가 심하게 방해받아 규칙 체계의 재구성이 요구되고, 따라서 현실의 변화가 뒤따를 수 있습니다. 토마스 쿤(Thomas S. Kuhn)이 말한 "패러다임 시프트"(paradigm shift, 패러다임의 전환)가 이런 경우입니다.

그런데 현실을 바꾸고 새롭게 할 수 있는 사고, 곧 '창의적'이라 부를 수 있는 생각은 알려진 전제로부터 그 전제 속에 함축된 것을 추론하는 연역 추론이나 알려진 사실에서 알려지지 않은 사실을 추론하는 귀납 추론과 비록 무관하지는 않다 하더라도 이로부터 곧장 나오는 것은 아닙니다. 그러면 창의적 사고는 어디서 오는 것일까요?

창의적 사고에는 두 가지 패턴이 두드러지게 보입니다. 하나는 새로운 규칙의 체계가 낡은 체계를 하나의 문제로 제시하면서 점차적으로 낡은 체계를 새로운 체계 속에 통합하는 형태로 나타나는 창의성입니다. 그 예는 근대 물리학과 19세기의 비(非)유클리드 기하학의 출현에서 찾아볼 수 있습니다. 니콜라스 코페르니쿠스(Nicolaus Copernicus)의 혁명은 클라우디오스 프톨레마이오스(Klaudios Ptolemaeos)의 세계상을 그 속에 통합하는 모델을 제시하되, 지구와 태양과 달의 관계뿐만 아니라 그보다 많은 천체를 포함한 우주의 운동을 설명할 수 있는 계산 체계를 제공했습니다. 비유클리드 기하학은 전통적인 평면 기하학을 뛰어넘으면서도 낡은 체계를 하나의 한계 상태로(곧 곡률이 0이 되는 경우에 해당하는 공간 기하학으로) 포섭할 수 있는 폭넓은 규칙 체계를 내어놓았습니다.

다른 하나는 서로 관련 없는 두 개의 기존 체계를 결합하는 일입니다. 아서 쾨슬러(Arthur Koestler)에게서 이 점이 분명히 드러납니다.* 예컨대 조수 현상과 달의 운동의 상호 관계를 들 수 있습니다. 두 현상은 각각 오래전부터 알려져 있

* 아서 쾨슬러(Arthur Koestler)의 작품으로는 《*The Sleepwalkers*》(1959), 《*The Act of Creation*》(1964), 《*The Ghost in the Machine*》(1967), 《*Janus: A Summing Up*》(1979) 등이 있습니다.

었지만 조수 현상이 달의 인력 때문임은 요하네스 케플러 (Johannes Kepler)의 발견을 통해 가능했습니다. 전혀 상관없는 것처럼 보이는 두 현상을 연결 지음으로써 완전히 새로운 설명이 가능하게 되었습니다. 이러한 방식의 창의성을 가능하게 하는 활동을 일컬어 쾨슬러는 "두 결합"(bisociation)이라 부릅니다.* '생각한다'를 표현하는 라틴어 '코기타레'(cogitare)가 '코아기타레'(coagitare), 곧 '함께 흔든다'란 말에서 온 것임을 보면 생각한다는 것 자체가 서로 다른 것을 결합하는 행위라는 생각이 라틴어에 이미 배어 있습니다.

창의적 사고의 두 패턴은 사고가 창의적이 되기 위해서는 기존의 규칙과 주어진 자료의 자명성을 뛰어넘어야 한다는 것을 보여 줍니다. 이를 일컬어 '초월'이라 부를 수 있습니다. 현재 있는 체계를 뛰어넘어, 그것의 고정된 패턴과 규칙을 탈피하여 새롭게 사물을 볼 수 있을 때 사고는 창의적 결과, 곧 새로운 규칙 체계의 변화를 가져옵니다. 여기서 '새로운'이란 말은 기존의 정보에 이질적인, 혹은 부수적인 데이터를 첨가한다는 의미가 아니라 이미 수중에 있는 정보에 대해 새로운 관점을 취한다는 것입니다.

* 자세한 논의는 Arthur Koestler, *The Act of Creation*(London: Hutchinson, 1964), 35 이하 참조.

코페르니쿠스 천문학은 천체에 대한 새로운 정보를 제공했다기보다 천체 운동을 보는 관점을 새롭게 했다는 점에서 창의적이고 혁신적이었습니다. 기존의 것에 대한 초월은 사물에 대한 새로운 정보(사물의 '무엇')를 가지려고 하기보다는 사물을 보는 관점('어떻게')을 바꿀 때 이루어진 것입니다. 칸트가 자신의 철학적 시도를 설명할 때 코페르니쿠스를 거명한 까닭이 여기 있었습니다. 인간 지식을 지금까지는 대상을 기준으로 삼아 보려고 했으나 이제는 대상을 지각하고 파악하는 인간 주체를 중심으로 보자는 방식으로 지식의 패러다임을 전환하는 행위를 두고 '코페르니쿠스적 혁명'이라고 이름을 붙였습니다.

사물의 '어떠함', '어떻게'에 관심을 두는 것은 교육에 실제적인 결과를 가져올 수 있습니다. 무엇보다 먼저 지적할 수 있는 것은, 창의적 사고를 위해서는 학문이나 예술, 종교 등에서 이미 활용하고 있는 규칙들에 대한 이해가 우선 충분히 이루어져야 한다는 것입니다. 과학에 대한 훈련이 없는 사람에게 그 분야의 혁신을 기대할 수 없듯이, 예술의 문외한에게 예술 분야의 혁신을 기대할 수 없습니다. 창의적 사고는 자신이 관여하는 분야에서 충분히 훈련을 받아야 합니다. 이 과정 속에 예컨대 《생각의 탄생》(에코의서재, 2007)의 저자 로버트와 미셸 루트번스타인(Robert & Michele Root-Bernstein)이 말하는 창의적 사고에 사용되는 열세 가지 생각의 도구들(관찰, 형상화, 추상화, 패턴 인식, 패턴 형성, 유추, 몸으로 생각하기, 감정 이입, 차원적 사고, 모형 만들기, 놀이, 변형, 통합)이 제대로 기능할 수 있을 것입니다.

또한 묵시적으로, 암묵적으로 따르고 있는 규칙을 드러내고 그것을 토론에 부치고 문제시하는 작업이 있어야 합니다. 이것은 마치 우리가 사물을 볼 때 사용하는 안경 자체를 두고 논의하는 것과 마찬가지이기 때문에 무척 힘든 일입니다. 우리가 하는 사고, 행동, 가치 판단 등의 전제, 구조, 타당성 등을 드러내고 따져 보는 일은 삶의 질서에 혼란과 교란을 가져오지만 그럼에도 이와 같은 과정을 거치지 않으면 무엇이 자명한 것으로, 당연한 것으로 자신이 몸담고 있는 분야에서 널리 쓰이고 있는지를 볼 수 없습니다.

끝으로, 통용되는 규칙에 대한 대안을 찾는 일입니다. 대안 찾기에 중요한 것은 '문제에 대한 감수성'입니다. 자명하게 생각된 이론과 사실에 대해서 새롭게 질문을 던지는 것 자체가 학문이나 예술, 종교나 교육 등에서 통용되는 지식의 범위를 명확히 드러내며 각 영역이 안고 있는 취약성을 드러내는 데에 기여합니다. 문제에 대한 감수성은 통상적인 눈으로는 볼 수 없는 사각지대를 볼 수 있게 하고, 만일 그것이 사회적 불의가 자행되는 경우라면 그것에 대해 저항할 수 있는 계기를 마련합니다. 여성과 청년, 소수자들이 사회 속에 처한 문제를 드러내고 해결책을 찾는 데는 기존의 관념과 선입견으로는 도무지 닿을 수 없는 감수성이 필요합니다. 그렇지 않고는 사각지대는 계속 보이지 않을 것이며 사람들은 이를 지나쳐 가게 됩니다.

공동체를 세우는 사고

'창의적 사고' 못지않게 '공동체를 세우는 사고'도 사람들과 더불어 살아가는 데 소중합니다. '공동체적 사고'란 남과 더불어 살아가는 사람이면 누구나 알고 있어야 할 것을 생각하고 실행할 수 있는 능력이라 정의해 볼 수 있습니다. 달리 말하자면, '공동의 선', '공공선'(common good)을 세우는 방향을 향해 살아가는 사고의 방식이라 할 수 있습니다.

예컨대 사람들이 많은 곳에서는 크게 소리를 내어서는 안 된다든지, 남에게 빌린 돈은 갚아야 한다든지, 다른 사람들이 싫어할 일은 해서는 안 된다든지, 도움이 필요한 사람을 보면 도와준다든지, 나 자신의 이익보다 이웃과 공동체, 이 가운데서도 약자의 이익을 우선해야 한다든지, 이런 것들을 알고 행동할 수 있는 사고를 우리는 '공동체적 사고' 또는 '공공선을 위한 사고'라 부를 수 있습니다. 공공선을 추구하는 공동체적 사고는 타인과 함께 공동체를 이루어 살고자 할 때 반드시 필요한 능력입니다.

이 맥락에서 칸트의 생각이 우리에게 도움을 준다고 생각합니다. 칸트는 《판단력 비판》에서 '공통 의식' 또는 '공통감'(sensus communis)과 관련해서 세 가지 규칙을 제공합니다. 첫째는 "스스로 생각하라"는 것입니다. 둘째는 "다른 사람의 자리에서 생각하라"는 규칙입니다. 셋째는 "언제나 자기 자신과 일관되게 생각하라"는 것입니다. 이렇게 세 가지 규칙으로 표현되는 '공통 의식' 또는 '공통감'을 한나 아렌트는 공동체를 형성하는 의식, 곧 "공동체 의식"(community sense)이라 부릅니다. *

세 가지 규칙에서 볼 수 있는 것은, 공동체를 형성할 수 있는 능력은 무엇보다 생각의 방식(Denkungsart)과 관련된다는 것입니다. 생각하는 방식을 바꾸지 않고서는 다른 사람과 함께 살아갈 수 있는 능력을 어디서도 찾을 수 없다고 보는 관점이 여기에 드러납니다. 그런데 생각 가운데서도 무엇보다도 '스스로 생각하는 것'이 중요합니다. 편견과 미신에서 벗

---

* Hannah Arendt, *Lectures on Kant's Political Philosophy* (Chicago: The University of Chicago Press, 1989), 27.

어나 자기 자신의 지성과 이성 능력을 자율적으로 사용할 수 있는 능력에 공동체를 위한 사고의 핵심이 있다고 본 것입니다. 그러므로 칸트는 무엇보다 스스로 생각하는 법을 배워야 한다고 말합니다.

두 번째 규칙은 다른 사람의 입장에서 생각하라는 것입니다. 다른 사람들이 어떻게 생각하는지, 다른 사람이라면 어떻게 생각할지를 다른 사람을 대신해서 다른 사람의 자리에서 생각해 보는 것입니다. 이렇게 할 경우 나의 독특성에 매몰되지 않고 남과 더불어 살아갈 수 있는 공동의 생각을 만들어 낼 수 있습니다.

세 번째로 칸트는 자신과 일관되게 생각할 것을 추천합니다. 스스로 생각할 뿐 아니라 남의 자리에서 생각하고 그것을 자신에게 적용하여 자신에게 손해가 된다 하더라도 그 생각의 결과를 자기에게 적용하는 사고방식입니다. 스스로 생각할 정도로 성숙해질 뿐 아니라 남을 고려하고, 남을 고려하면서도 자신의 일관성을 유지하면서 살아가는 삶을, 공동체적 사고의 일반적 규칙으로 칸트는 제시했습니다.

가만히 생각해 보면 이 세 가지 '공통 의식' 또는 '공통 감각' 또는 '공통감'은 칸트가 말하는 "정언명법"과 뗄 수 없는 관계를 가지고 있습니다. 정언명법은 가언명법과 구별됩니다. 예컨대 건강하기를 원한다면 (이것이 권고의 조건입니다) "잘 먹어라", "잠을 푹 자거라", "잘 쉬어라", "적당한 운동을 해라", "마음을 편히 먹어라" 등을 권할 수 있습니다. 이러한 권고는 건강이라는 조건을 목적으로 삼는다면 좋은 수단들이 될 수 있는 것들에 관한 권고입니다. 이와 같은 권고를 일컬어 '가언명법' 또는 '조건이 있는 명법'이라 부릅니다. 이것과는 구별해서 우리가 '도덕적'이라 부를 수 있는 행위와 관련된 명령은 조건이 없는 명령입니다. 그래서 이것을 '정언명법', 곧 '조건이 없는 명법'이라 부릅니다. 정언명법은 다름 아니라 '도덕의 원리'입니다.

'공통 의식' 또는 '공통감'의 첫 규칙이 스스로 생각하라는 것이었습니다. 이것을 칸트는 "계몽의 준칙"이라 부르기도 했습니다. 어른답게, 성숙하게, 남의 종이 되지 않고 당당하게 살려면 남의 생각에 의존하지 않고 스스로 생각하면서 살라는 내용이 여기에 담겨 있습니다. 이 규칙은 칸트의 도덕 원리(정언명령) 가운데 첫 번째 원리와 연관이 있습니다.

첫 번째 도덕 원리는 행위를 할 때 따르는 개별적인 규칙(준칙)이 자신에게만 적용되지 않고 언제나, 어느 곳에서나, 누구에게나 적용될 수 있는 규칙, 다시 말해 보편 규칙(법칙)이 될 수 있는 방식으로 하라는 것입니다. 이것을 일컬어 '보편 법칙의 원리'라고 부를 수 있습니다.

스스로 생각함을 도덕 원리의 제1형식과 연결시켜 보면

행위의 주체는 개별자이지만 개별자의 의지는 자신의 의욕에 매이지 않고 타인과 다른 사물들과 함께 살아갈 수 있는 공동의 세계를 구성할 수 있도록 의욕할 수 있게 생각하라는 원칙이라고 할 수 있습니다. 생각과 행위의 주체는 여전히 나입니다. 나는 어떤 시간이나 공간, 어떤 상황과 관련해서도 나 자신으로 행위하지만 나의 행위는 타인과 고립된 행위가 아니라 타인과 공유할 수 있고 타인에게도 권유할 수 있는 행위입니다.

두 번째 규칙, "다른 사람의 자리에서 생각하라"는 규칙은 우리에게 익숙한 '역지사지'입니다. 남의 입장에서 생각하라는 것이지요. 그렇게 하자면 무엇보다 나를 남의 자리에 옮겨 놓을 수 있어야 합니다. 그리하여 남이 마치 나인 것처럼, 내가 남인 것처럼 느끼고 체험하고 판단할 수 있어야 한다는 것입니다. 상상력 없이는 이것이 가능하지 않습니다. 이러한 상상력을 우리는 '도덕적 상상력' 또는 '사회적 상상력'이라 부를 수 있습니다. 기계가 아니라 오직 이성적인 인간만이 행할 수 있는 능력입니다.

이러한 생각의 방식과 관련해서 칸트는 도덕 원리의 제2형식을 구성합니다. "너 자신의 인격에서나 타인의 인격에서 인간성을 단지 수단으로뿐만 아니라 언제나 목적 자체로 대하는 방식으로 행위하라!" 이 형식을 일컬어 통상 '인간성의 형식'이라 부릅니다. 행위를 할 때 나와 타인을 다 같이 고려하되, 특별히 타인을 언제나 목적 자체로, 고유한 인격의 존엄성을 지닌 존재로 대접하라는 권고가 여기에 들어 있습니다. "너 자신이 대접받고 싶은 대로 남을 대접하라"는 황금률의 다른 표현이라 할 수 있습니다. 나와 타인이 똑같이 목적 자체이고, 동일한 '목적의 왕국'의 일원으로 삶의 세계 안에 살아가기 때문에 타인을 나와 마찬가지로 귀한 존재로, 자신의 삶을 실현해야 할 존재로 생각하고 대접할 수 있어야 한다는 말입니다. 인간 개개인의 가치에 대한 존중이 이 속에 포함되어 있습니다.

세 번째 규칙은 "언제나 자기 자신과 일관되게 생각하라"입니다. 자기와 모순 없이, 일관성을 유지하는 방식으로 생각하라는 규칙은 도덕 원리의 제3형식인 "너 자신이 스스로 보편 법칙의 입법자인 것처럼 행위하라"는 '자율성의 형식'과 짝을 이룬다고 할 수 있습니다. 이 형식을 배경으로 해서 "언제나 자기 자신과 일관되게 생각하라"는 규칙을 해석하면 먹고 자고 욕구하는 나 자신(자연의 일원)과 마땅히 행해야 하는 대로 살아야 하는 나 자신(목적 왕국의 일원) 사이의 일치라 해석할 수 있습니다. 다시 말하면, 경험적인 자아와 도덕적이고 영적인 자아 사이에 모순의 가능성이 있을 때, 이에 빠지지 않고 스스로 생각하는 자신과 일관되게 행동해야 한다는 것입니다. 그리할 때 나의 개체성과 고유한 인격성을 잃지 않고 공동체의 공동선을 위해 유익한 방식으로 삶을 살아갈 수 있다는 것이지요.

이러한 공동체적 사고 능력은 단지 지적인 것에만 머물지 않고 어떤 사물과 사태에 대해 미적으로, 심미적으로 판단할 수 있는 능력임을 칸트는 강조합니다. 남과 더불어 공유할 수 있는 공통의 판단 능력은 미적 판단이 주관성에 머물지 않고 객관성을 소유할 수 있는 바탕이 됩니다. 따라서 아름답고 의미 있는 삶의 공동체를 타인과 더불어 만들어 가는 데는 이러한 지적, 미적 공통 지각 능력, 곧 공동체적 사고 훈련이 필요합니다.

앞에서 언급한 아이히만의 모습은 아무리 의무에 충실하게 행동했다 하더라도 타인과 함께, 타인의 고통을 헤아리며 살아가는 공동체적 사고의 부재를 보여 주었습니다. 조직하고 관리하고 문제를 해결하는 능력, 곧 계산하고 설계하고 집행하는 사고는 탁월했지만 명령이 아니라 스스로 생각해 보고, 남의 자리에 서서 타인이 당할 수 있는 고통을 생각해 보고 자기 자신과 일관되게 생각하는 능력이 아이히만에게는 완전히 결핍되어 있었습니다. 이 때문에 아렌트는 아이히만의 행동을 "생각하지 않음", "생각 없음"이라 이름 붙이고 이것이 악의 근원이라 지목했지요.

◇

이제 두 번째 장을 마무리 지어 보아야겠습니다.

여기서 저는 생각과 관련해서 세 가지를 이야기해 보려고 했습니다.

생각은 무엇보다 현상의 관점에서 볼 때 의식을 가진 존재만이 할 수 있는 활동입니다. 의식은 의식되는 것과의 연관 속에 활동합니다. 생각은 언제나 다른 무엇을 향합니다. 의심하는 행위에는 의심의 대상이 있고 긍정하거나 부정할 때는 긍정되거나 부정되는 것이 있습니다. 그런데 이러한 행위에는 (데카르트를 따른다면) 지성적인 것뿐만 아니라 의지와 감정에 관련된 것들이 모두 포함됩니다. 그러므로 생각한다는 것은 단순히 지성적인 행위에 그치지 않고 우리 자신의 인격 전체와 통합된 것임을 생각의 현상을 관찰할 때 알 수 있습니다.

생각은 단순히 주관적인 것도, 단순히 객관적인 것도 아닙니다. 한 인격 가운데, 그리고 인격과 인격의 상호 관계 가운데 주관과 객관이 함께 만나는 현상이 생각이라 할 수 있습니다. 여기에는 타인과의 만남이 있고 세계 경험이 있습니다. 그러므로 생각과 삶은 서로 구별할 수는 있다 해도 분리할 수가 없습니다.

생각은 의식과 관련해서 나타나지만 지역에 따라, 문화

에 따라 다르고(예컨대 동양적 사유와 서양적 사유, 히브리적 사유와 그리스적 사유 등), 세계와 인간의 연관에 따라 다르고(신화적 사고, 존재론적 사고 기능적·관계적 사고), 다양한 학문과 다양한 현실과 연관해서 다양한 방식으로 전개될 수 있습니다(심리학적 사고, 경제적 사고, 신학적 사고, 사회학적 사고 등).

이렇게 다양한 사고가 가능하다는 것은 해석학적 관점 없이는 생각을 이해할 수 없고, 우리가 생각할 때도 언제나 특정한 관점이 개입한다는 사실을 보여 줍니다. 이러한 사실의 자각은 환원주의에 따른 사고, 예컨대 심리학적 관점을 가지고 만사를 판단한다든지, 아니면 경제학적 관점에서 모든 일을 해석하고 단정한다든지 하는 방식의 위험을 알게 해 줍니다. 의사소통에 장애가 생길 때 생각하는 방식과 생각을 해석하는 방식의 차이로 그 단서를 얻을 수 있습니다.

"어떻게 생각할 것인가?"라고 누군가 묻는다면 앞에서 이야기한 것들을 토대로 이렇게 답할 수 있습니다. 어떤 일을 처리할 때, 자신의 생각을 표현할 때 무엇보다 논리적으로 생각하려고 애쓰라고 말이지요. 논리적으로 생각함은 '비판적'으로 생각한다는 말로 바꾸어 말할 수 있습니다. '비판'이란 이것과 저것을 가려내고, 참과 거짓을 가려내고, 좋은 것과 좋지 않은 것을 가려내되, 언제나 근거를 가지고 그렇게 한다는 뜻입니다. 아무 근거 없이, 단순히 나의 느낌이나 나의 감정으로 어떤 사안을 이렇다 또는 저렇다, 옳다 또는 그르다고 판단한다면 그렇게 하는 행위를 일컬어 "말이 되지 않는다" 또는 "비논리적이다" 또는 "억지를 쓴다"고 할 것입니다. 무엇보다도 근거를 가지고 판단하고 말하고 행동함이 가장 기초적이고 기본적이라 하겠습니다.

논리적 사고 못지않게 창의적 사고도 우리 삶에 중요합니다. 정해진 규칙, 이미 알고 있는 규칙을 따르기보다 때로는 그것과는 다른, 생각해 보지 못한 규칙을 고안하고, 보지 못하고 그냥 스쳐 지나가는 사각지대를 발견하는 것이 삶에서 매우 중요합니다.

이 가운데서도 공동체적인 사고를 저는 중요하게 생각합니다. 나 홀로, 나의 이익만을 위한 삶이 아니라 내 발로 떳떳하게 서되 타인과 함께, 타인을 위해서 공동선을 추구하는 삶이야말로 가장 값진 삶일 것입니다. 그러자면 스스로 생각하고, 남의 입장에서 생각하고, 자신의 생각과 삶, 이상과 현실의 괴리 가운데서 일관되게 생각하려는 노력이 필요합니다. 이러한 노력은 그리스도인이나 비그리스도인, 남자나 여자, 동양인이나 서양인, 모두에게 요청된다고 하겠습니다.

이제 다음 장에서는 특별히 그리스도인에게 고유한 사고, 그리스도인만이 가질 수 있는 생각의 방식이 무엇인지 함께 생각해 보겠습니다.

3장

그리스도인으로
생각한다는 것

그리스도인이라고 해서 지금까지 이야기한 사고를 무시할 수 없습니다. 함께 살아가는 비그리스도인들과 마찬가지로, 아니 그보다 더, 그리스도인은 논리적으로 생각하고, 창의적으로 생각하고, 공동체를 세우는 방식으로 생각해야 하지 않을까요? 한편으로 보면 이 모든 사고가 그리스도인으로 살아가는 바탕이 되고, 다른 한편으로는 만일 그리스도인이 그리스도인답게 생각하는 법을 배우고 익힌다면 비그리스도인들과 공유하는 사고를 훨씬 더 풍성하고 건강한 방향으로 이끌 수 있지 않을까 생각합니다.

무엇이 그리스도인 고유의 생각하는 방식일까요? 어떻게 생각하는 것이 그리스도인의 사고방식일까요? 이 물음의 답에 가까이 다가가려면 그리스도인이 누군지, 그리스도인의 정체성이 무엇인지 생각해 보아야 합니다. 왜냐하면 내가 무엇을 어떻게 생각하느냐는 내가 누구이며 무엇을 위해 사느냐에 달려 있기 때문입니다. 정체성과 생각, 존재와 삶의 방식은 서로 분리할 수가 없습니다.

그렇다면 세상과 그리스도인의 관계, 세상 속에서 그리스도인이 관심을 두고 생각하고 살아가는 방식에 관해서 생각해 보지 않을 수 없습니다. 그런데 누가 '그리스도인'일까요?

1

생각하는
그리스도인

《중력과 은총》으로 유명한 프랑스 철학자 시몬 베이으(Simone Weil)를 아시지요? (우리나라에서는 오랫동안 '베이으'를 '베이유'라고 표기해 불렀습니다.) 베이으는 세례를 받지도 않고 교회에 나가지도 않았습니다. 하지만 예수 그리스도를 자신의 주님으로 고백하고 예수를 따라 살기로 결심하고 그렇게 살았습니다. 노동자들을 위해 뛰어다니며 그들을 위해 헌신하다가 마지막에는 굶주림으로 죽었습니다. 베이으는 교회 바깥 사람으로 남아 있으면서 그리스도를 따라 살아가려고 최선을 다했습니다. 베이으의 사례는 매우 예외적이지만 저는 그녀를 그리스도인이라 부르기를 주저하지 않습니다.

　우리는 대부분의 그리스도인을 교회 안에서 찾습니다. 교회는 그리스도인을 낳고 키우는, 칼빈(Jean Calvin)이 즐겨 쓴 표현을 빌리자면, "신자들의 어머니"(mater fidelium)입니다(물론 이 표현은 아우구스티누스, 암브로시우스, 키프리아누스, 테르툴리아누스에게까지 거슬러 올라갑니다). 일반적인 경우 교회 예배에 참여하고, 말씀을 듣고, 성도를 섬기고, 성도들과 더불어 교제하는 일을 멀리하고서는 신앙 성장이 있기는커녕 신앙을 유지하기조차 힘들다고 말해야 할 것입니다.

저는 서울에서 대학과 군대를 마치고 1978년 벨기에 정부 장학생으로 벨기에 루뱅 대학으로 유학을 갔습니다. 1425년 교황청에서 네덜란드 언어권에 최초로 세운 유서 깊은 대학입니다. 루뱅은 지금도 중세 도시의 전형을 유지하고 있는 아름다운 도시입니다. 그런데 제가 유학을 갔을 때는 로마가톨릭 교회 성당 외에 개신교회를 찾을 수 없었습니다. 어쩌다가 겨우 한 곳이 있음을 알고 찾아갔지만 차갑기 짝이 없는 교회였습니다. 점점 교회 출석이 어렵게 되었습니다. 주일이 되면 혼자서 성경 읽고 기도하고 예배드린다 하지만 쉬운 일이 아니었습니다.

그러다가 마침 브뤼셀에서 대사관 직원들과 상사 직원들이 모여 예배를 드리기 시작했다는 소식을 들었습니다. 당시 그 교회를 섬기던 분이 순복음교회 출신 전도사님이었습니다. 저는 그 교회에 출석하면서 외국 목사님의 설교 통역을 하기도 하고 때로는 설교를 맡아 하기도 했습니다.

제가 루뱅에서 공부할 당시, 요즘 흔히 '포스트모더니즘'이라 부르는 철학이 한창 유행하고 있었습니다. 물론 플라톤이나 아리스토텔레스, 아퀴나스, 데카르트, 칸트, 헤겔, 후설, 하이데거 같은 고전 철학자들을 주로 공부했지만 반기독교적인 니체, 프로이트, 라캉, 푸코와 같은 철학자들의 글을 마치 어린아이가 우유 마시듯 많이 읽었습니다. 지나고 나서 보니 그러한 사상을 이해하려고 애쓴 것이 결코 손해가 아니었음을 알게 되었지만, 교회 공동체 없이 지내는 것은 사실 죽을 맛이었습니다. 그런 경험을 하고 나서 저는 (교리적인 면보다는 오히려 체험을 통해서) 교회 공동체가 우리 신앙 생활에 얼마나 중요한지 깨달았습니다.

제 이야기를 했습니다만, 한 걸음 물러서서 다시 물어보십시오. "교회 다닌다는 것이 참된 그리스도인임을 보증하는가?"라고 말이지요. 그럴 가능성은 높지만, 반드시 "그렇다"고 답하기는 쉽지 않겠지요? 누가 정말 그리스도인이며, 그가 참으로 신실한지 아닌지는 사람의 마음을 헤아리시고 "은밀한 중에 보시는"(마 6:4) 하나님 아버지가 아니고서는 알 수 없기 때문에 "하나님만이 아신다"고 할 수밖에 없겠지만, 그렇다고 여기서 그냥 멈출 수도 없지 않나요?

그리스도인과 신앙 고백

교회 전통은 신앙 고백을 그리스도인임을 알아볼 수 있는 외적 표지로 삼았습니다. 그러한 절차가 세례식입니다. 세례를 베푸는 현장에서 신앙을 확인하기 위해 사용된 고백이 사도신경이었습니다. 사도신경은 신자의 모임에 일원으로 가입하기 위해서 통과 의례로 믿음을 확인하는 수단으로 사용되었습니다.

사도신경은 영어로 '사도들의 신앙 고백'(the Apostles' Creed)이란 말을 우리말로 옮긴 표현입니다. '크리드'(Creed)는 '내가 믿습니다'라는 뜻을 가진 라틴말 '크레도'(Credo)에서 온 말이지요. 사도들의 신앙이 이 가운데 표현되었다고 교회 전통은 믿었습니다. 성령 강림 후에 사도들이 각 지역으로 복음을 전하기 위해 흩어지기 전에 함께 모여 공동의 신앙을 확인했다는 이야기가 교회 전통에 전해 옵니다. 베드로가 "전능하신 아버지 천지의 창조주 하나님을 믿습니다"라고 고백하자, 요한이 "그 외아들 우리 주 예수 그리스도를 믿습니다"라고 하고, 이렇게 이어 가다가 도마에 이르러서는 "부활을 믿습니다" 하는 식으로 열두 사도가 한 줄씩 자신의 신앙을 고백한 것이 사도신경이 되었다는 이야기입니다.*

사도신경은 라틴어로 '숨볼룸 아포스톨로룸'(symbolum apostolorum)이라고 부릅니다. '숨볼룸', 영어로 '심볼'은 '표시',

---

* 좀 더 자세한 이야기는 강영안, 《신을 모르는 시대의 하나님》(IVP, 2007), 20-21 참조.

'표지'라고 번역할 수 있겠지만 '암호'라고 번역하는 것이 본 뜻에 가장 가깝다고 저는 생각합니다.* 세례를 베풀 때 집례 자가 이렇게 묻습니다. "전능하신 아버지 천지의 창조주 하나님을 믿습니까?" 그러면 세례를 받는 사람은 "네, 제가 믿습니다"라고 답합니다. 마치 경계 근무를 하는 보초가 "올빼미!"라고 하면 저편에서 (만일 그날 저녁에 정해진 암호가 '뻐꾸기'라면) "뻐꾸기!"라고 답하는 것과 같습니다. 이렇게 암호를 서로 주고받는 것을 군대에서는 '수하'(誰何)라고 합니다. 상대방이 적인지 아군인지 식별하는 일입니다. 세례를 줄 때 집례자가 기대하는 답변을 수세자가 하게 되면 그가 우리 중의 한 사람임을 확인하고 교회 공동체의 일원으로 받아들일 수가 있습니다.

이런 배경에서 보면 사도신경은 '사도들의 암호'라고 번역하면 뜻을 가장 잘 알 수 있지 않을까 생각합니다. 그리스도인인지 아닌지는 이 암호를 숙지하고 있는지 여부를 통해서 알 수 있기 때문입니다. 사도신경이라는 암호를 아는 사람이면 세례 의식을 거쳐 교회의 회원으로 가입이 될 자격을 갖추었다고 할 수 있습니다. 신앙의 모든 요소가 사도신경에

---

* 유럽이나 미국 학교에서는 신앙고백서와 교리문답을 다루는 과목을 아직도 'Symbolics'라고 부릅니다. 우리나라에서는 '신조학'이라 번역해 사용합니다.

다 포함된 것은 아니지만, 그럼에도 핵심이라 할 수 있는 성부와 성자와 성령 하나님을 믿으며 성령의 활동을 통해 세워진 교회와 성도의 교제, 죄 사함, 몸의 부활, 영생에 대한 믿음이 이 가운데 표현되어 있습니다. 그러므로 이것들을 입으로 고백하고 시인함으로 그리스도인임을 겉으로 표시한다고 할 수 있습니다.

사도신경을 현재 우리가 알고 있는 내용으로 사도들이 직접 물려준 것은 아니지만 그 속에 담겨 있는 고백의 내용은 사도들의 가르침 속에 모두 담겨 있습니다. 성령 강림 후 베드로는 설교를 통하여 십자가에 달리신 나사렛 예수를 하나님이 다시 살리셨고 그분을 "주와 그리스도"(행 2:36)가 되게 하셨다고 했습니다. 바울은 다메섹 도상에서 예수를 만난 뒤 예수는 하나님의 아들이시고 그리스도이시라 증거했습니다(행 9:20, 22).

첫 그리스도인들은 나사렛 예수가 그리스도이시며, 주이시며, 하나님의 아들이시라고 고백하고, 그 고백에 따라 살아가는 데서 자신의 정체성을 드러내었습니다. 예수는 그리스도이시며, 하나님의 아들이시고, 우리의 주이시라는 것이 신앙 고백의 원형입니다. 이 원형을 토대로 그 뒤에 나온 신앙 고백들(사도신경, 니케아 신조, 아타나시우스 신경)은 예수뿐만 아니라 예수의 아버지이신 성부와 그분의 영이신 성령을 믿는다는 고백을 담고 있습니다.

아마도 이 글을 읽는 여러분 중에는 "사도신경을 외우고 고백한다고 정말 그리스도인인가?" 하는 물음을 가진 분도 있을 것입니다. 그렇다면 그리스도인임을 확인할 수 있는 다른 방법이 있을까요? 마태복음 7장 15-20절을 보면 예수님은 이렇게 말씀하십니다.

"거짓 선지자들을 삼가라 양의 옷을 입고 너희에게 나아오나 속에는 노략질하는 이리라 그들의 열매로 그들을 알지니 가시나무에서 포도를, 또는 엉겅퀴에서 무화과를 따겠느냐 이와 같이 좋은 나무마다 아름다운 열매를 맺고 못된 나무가 나쁜 열매를 맺나니 좋은 나무가 나쁜 열매를 맺을 수 없고 못된 나무가 아름다운 열매를 맺을 수 없느니라 아름다운 열매를 맺지 아니하는 나무마다 찍혀 불에 던져지느니라 이러므로 그들의 열매로 그들을 알리라."

사람을 아는 길은 열매를 보는 것이라는 말씀입니다. 삶의 열매를 보고 그가 누구인지 알 수 있다는 것입니다. 한 사람의 삶의 행적과 열매는 그가 무슨 생각을 하는지, 어떤 존재인지를 보여 줍니다.

예를 들어 봅시다. 어떤 사람이 목수(木手)인지 아닌지 어떻게 알 수 있습니까? 더 나아가 어떤 사람이 목수이기는 하되, 정말 신실하고 참다운 목수인지를 어떻게 알 수 있을까

요? 나무를 다룰 줄 알고, 집을 설계할 줄 알고, 집을 실제로
지어 낸다면 그가 목수임을 우리는 알 수 있습니다. 목수라
할지라도 참으로 신실한 목수인지는 집을 짓거나 가구를 만
들 때 얼마나 정직하고 성실하게 하는지를 보고 알 수 있습
니다. 어떤 사람이 화가인지 아닌지는 그가 그림을 그리는지
그리지 못하는지를 보고 알 수 있고, 정말 신실한 화가라면
그림을 그리되 속임이 있거나 과장이 없이 자신이 보고 생각
한 대로, 자신이 가진 기량을 최대한 발휘해서 그림을 그릴
것입니다. 그리스도인도 마찬가지가 아닐까요?

  아니라고 생각할 분도 있겠지요? 나무를 다루고 집을 짓
거나 가구를 만드는 일이나 그림을 그리는 일은 하나의 기
능(機能)이 아닌가, 하고 말입니다. 그렇습니다. 나무를 다룬
다거나 그림을 그린다거나 행정이나 관리를 하는 것은 기능
을 발휘하는 것입니다. 기능은 능력에 달려 있습니다. 능력
이 없다면 기능이 나올 수 없습니다. 능력은 재능과 학습, 그
리고 숙련에 달려 있습니다. 숙련에 이르려면 학습을 거쳐야
하고, 학습을 통해서 재능이 개발될 수 있습니다. 재능이 없
다면 학습에서 숙련으로, 숙련에서 다시 탁월성으로 나아가
기가 힘들겠지요. 그런데 그리스도인이 되는 것은 재능이나
학습, 숙련을 요구하지 않는 것처럼 보입니다. 그러므로 일
의 결과나 열매는 그리스도인 됨과 무관한 것처럼 보입니다.

다시 한 걸음 물러나 생각해 봅시다. 그리스도인 됨은 분명히 하나의 기능으로 되는 것은 아닐 것입니다. 성경을 읽을 줄 안다든지, 찬송을 할 수 있다든지, 전도를 할 줄 안다든지, 예배를 드릴 줄 안다든지 하는 것으로 그리스도인 됨을 말할 수 없겠지요. 심지어 사도신경을 외울 수 있는 것을 보고 "아, 그리스도인이 맞나 보다"라고 말하기가 쉽지 않겠지요. 하나의 기능을 수행할 수 있는 능력을 보고, 또는 그리스도인이 아니면 할 수 없는 활동을 수행할 수 있는 능력을 보고서 어떤 사람이 그리스도인인지 아닌지를 가늠할 수 없습니다. 이 모든 것을 잘한다고 해도 그리스도인으로 필요충분조건이 갖추어지지 않을 수 있습니다.

그렇다면 예수님이 가르쳐 주신 "열매로 그들을 알리라"라는 판단 방법은 그리스도인 됨을 아는 기준으로는 적합하지 않다고 보아야 할까요? 저는 그렇지 않다고 생각합니다. 예수님의 방법은 그리스도인 됨을 판별하는 데 적용될 수 있습니다. 다만 그리스도인 됨의 열매를 하나의 기능, 하나의 활동에서 찾으려고 해서는 안 된다는 것에 유의할 필요가 있겠지요.

공자는 자신이 추구하는 이상적인 인물을 "군자"(君子)라고 불렀습니다. 군자란 원래 왕에게 붙이는 말입니다. 왕과 같은 통치자가 군자입니다. 그런데 공자는 이것을 이상적 인간, 바람직한 인간, 인간다운 인간을 가리키는 말로 썼습니다. '누가 왕이며, 누가 왕 같은 통치자인가? 참으로 인간다운 인간이 왕이지'라는 생각이었을 것입니다. 그런데 이 군자에 대해서 공자는 '불기'(不器)라고 말합니다. '군자불기'(君子不器). "군자는 하나의 그릇이 아니다."* 군자는 하나의 기능에 한정된 인물이 아니라 어떤 기능이라도 수행할 수 있는 근본적 품성, 그 가운데서도 어짐(仁)과 의로움(義)과 예의(禮)와 지혜로움(智), 그리고 신의(信)를 지닌 사람이어야 한다는 뜻이라고 저는 이해합니다.

이왕 시작했으니 《논어》에서 공자가 생각에 관해서 어떻게 이야기했는지 잠시 알아볼까요? ('공자'라고 할 때 '자'는 선생님으로 높여 부르는 이름이기 때문에 저는 여기서 이제부터 '공 선생님'이라 부르겠습니다.)

"배우기만 하고 생각하지 않으면 막연하여 얻는 것이 없고 생각만 하고 배우지 않으면 위태롭다"(위정 15)라고 한 말이 먼저 떠오릅니다. 배움(學)과 생각(思)이 나란히 함께 가야 배움에 얻는 것이 있고 생각도 제대로 자리를 잡는다고 공 선생님은 가르쳤습니다.

---

* 공자, 김형찬 옮김, 《논어》, 위정편 12(홍익출판사, 2006), 40.

비슷한 맥락에서 공 선생님은 "나는 일찍이 종일토록 먹지 않고 밤새도록 자지 않고서 생각을 해 보았지만 유익이 없었다. 공부하는 것만 못했다"(위령공 31)라고 말합니다. 생각도 중요하게 생각하지만 생각만 하고 앉아 있기보다는 우선 배우고 공부하는 것이 얻는 바가 더 많다는 얘기를 하고 싶어 한 것이지요. 얼마나 자주 생각해야 할지에 대해서도 한 번만 생각하지도 말고, 너무 많이도 생각하지 말기를 권했습니다. "계문자는 세 번 생각한 뒤에야 행동을 하였다"라는 말을 듣고 공 선생님은 "두 번이면 된다"라고 말했습니다 (공야장 19).

그런데 공 선생님은 어떤 일을 마주칠 때, 때에 따라 어떻게 생각해야 하는지, 가장 먼저 무엇부터 생각해야 할지 가르쳤습니다. 생각을 하되 무엇보다도 "가까운 것부터 생각하라 (近思)"(자장 6)라고 가르칩니다. 유교의 가르침이 언제나 가장 가까운 삶에서 출발하는 것임을 이 구절이 잘 보여 줍니다.

공 선생님이 생각에 관해서 가르친 가운데 가장 길게 이야기한 구절은 계씨편에 보입니다. 여기서는 무엇을 볼 때, 들을 때, 얼굴빛을 드러낼 때, 몸가짐을 할 때, 말할 때, 일할 때, 의심이 생길 때, 성이 날 때, 이득이 될 것을 보았을 때 어떻게 생각할지 이야기를 하고 있습니다. "볼 때에는 밝게 볼 것을 생각하고, 들을 때에는 똑똑하게 들을 것을 생각하며,

얼굴빛은 온화하게 할 것을 생각하고, 몸가짐은 공손하게 할 것을 생각하고, 말을 할 때는 진실하게 할 것을 생각하고, 일을 할 때에는 공경스럽게 할 것을 생각하며, 의심이 날 때에는 물어볼 것을 생각하고, 성이 날 때에는 뒤에 겪을 어려움을 생각하며, 이득 될 것을 보았을 때에는 그것이 의로운 것인가를 생각한다."

이러한 가르침을 볼 때 생각하지 않고서는 제대로 볼 수도 없고, 제대로 들을 수도 없고, 제대로 감정 표현도, 몸짓도 할 수 없고, 제대로 말을 할 수도, 일을 할 수도 없다고 본 것이지요. 그러므로 모든 행위에 생각이 수반되어야 함을 공 선생님은 가르쳤습니다. 이것이 없이는 어떤 특정한 기능만 발휘하지 않고 어떤 상황, 어떤 자리에 처하더라도 온전한 인간으로서의 삶, 곧 불기(不器)의 삶을 이룰 수 없다고 본 것이지요.

그렇다면 그리스도인은 어떻겠습니까? 그리스도인도 불기(不器), 곧 '하나의 그릇이 아니다'라고 해야 하겠지요. 하나의 기능, 하나의 역할이나 활동으로 그리스도인 됨을 얘기할 수 없습니다. 그리스도인은 무엇을 하든지, 어떤 자리에서 무슨 기능을 수행하든지 그리스도인으로 가져야 할 품성, 그리스도인으로 가진 꿈과 소망, 그리스도인으로 가진 삶의 방식이 있습니다. 그것을 어디서 어떻게 찾아볼 수 있을까요?

그리스도인을 가리키는 이름들

잠시 '그리스도인', 'Christian'이란 이름에 대해 생각해 보는 것이 좋겠습니다. 성경에서는 예수님을 따르는 사람들을 여러 가지로 불렀습니다. 예루살렘 초대 교회에서 예수를 따르는 사람들을 일컬어 가장 먼저 쓴 말은 아마 '믿는 사람'일 것입니다.

사도행전 2장 44절을 보면 사도들의 가르침을 받아들여 세례를 받고 예루살렘 공동체를 이룬 사람들을 언급할 때 나오는 첫 표현이 "믿는 사람이 다 함께 있어 모든 물건을 서로 통용하고"라고 되어 있습니다. 사도행전 4장 4절에는 "말씀을 들은 사람 중에 믿는 자가 많으니 남자의 수가 약 오천이나 되었더라"라는 말씀이 있습니다. 사도행전 17장 12절에는 "그중에 믿는 사람이 많고 또 헬라의 귀부인과 남자가 적지 아니하나"라는 말씀이 있습니다. 또한 사도행전 10장 43절에서는 "그에 대하여 모든 선지자도 증언하되 그를 믿는 사람들이 다 그의 이름을 힘입어 죄 사함을 받는다 하였느니라"라고 합니다. 그 외에 바울 서신에서도 '믿는 사람'이란 표현은 많이 사용되었습니다. '믿는 사람', 한자어로 '신자'(信者)는 교회 공동체에 속한 사람을 지칭할 때 매우 자연스럽게 사용된 이름입니다.

'제자'란 이름도 있습니다. 처음에는 예수님의 열두 제자에게 사용했지만 뒤에 가서는 예수를 따르는 사람들을 부르는 말로 서로 혼용되었습니다. 사도행전 2장 41절, "그 말을 받는 사람들은 세례를 받으매 이날에 제자의 수가 삼천이나 더하더라"(개역한글)라는 말씀이나 사도행전 9장 19절, "[사울이] 음식을 먹으매 강건하여지니라 사울이 다메섹에 있는 제자들과 함께 며칠 있을새"의 경우가 대표적일 것입니다.

'제자', 곧 '마테이테이스'(μαθητής)는 원래 뜻 그대로 하면 '배우는 사람'입니다. 예수의 제자는 예수 그리스도를 스승으로 삼아 그분을 배워, 그분을 닮아 가려는 사람입니다. 예수를 배워, 예수를 닮아, 예수를 따라 살아가는 사람이 '제자'입니다. 중세 후기에는 예컨대 토마스 아 켐피스(Thomas à Kempis)의 《그리스도를 본받아》(imitatio Christi)에서 보듯이 예수 따라 살아가는 삶을 '모방'(imitatio)으로 표현했습니다. 이 단어는 복음서와 사도행전을 제외한 다른 서신에는 보이지 않습니다. 왜 그럴까요?

서신서가 복음서보다 먼저 쓰였다는 것이 신약학계에서는 정설로 수용되는 듯한데, 서신서에는 '성도'가 훨씬 더 일반화되고 있음을 보게 됩니다. 반면, '제자'란 용어는 서신서에 나타나지 않습니다. 그런데 서신서 뒤에 쓰인 복음서에는 '제자'가 왜 빈번하게 쓰였을까요? 예수와 그를 따르는 사람들

사이를 표현한 말이 '선생님'과 '제자'였기 때문에 그것이 실제로 반영된 것이라 말해야겠지요. 예컨대 소크라테스의 경우에는 '제자'란 말을 거부했습니다. 왜냐하면 '제자'는 '만타노'(μανθάνω), 곧 '배우는 활동'을 하는 사람인데, 소크라테스 자신은 그들에게 '디다스칼로스'(διδάσκαλος), 곧 '가르치는 사람', '선생', '교사'가 아니라고 생각했기 때문입니다. 자신이 '선생'이 아니라고 생각했으니, 자신에게 와서 배우겠다는 사람들을 '제자', 곧 '배우는 사람'이라 부를 수가 없었지요.

그런데 예수님이 찾아가서 부르신 사람들을 예수님은 '배우는 사람', 곧 '제자'라고 부르기를 분명 거부하지 않으셨습니다. 왜냐하면 예수님의 제자들은 예수께 '배우는 사람'들이었고 예수님은 그들에게 무엇보다 '선생님', '디다스칼로스', 곧 랍비였기 때문입니다. 제자, 곧 '마테이테이스'라는 말 뒤에는 히브리어 개념인 '탈미딤'(תלמידים) 또는 '리무딤'(לימודים)이 함께 울려옵니다. 다만 당시 풍습대로 학생들이 선생을 찾아오지 않고 선생이 오히려 학생들을 찾아 나섰다는 것이 달랐을 뿐이지요.

그런데 '제자'란 단어가 사도행전을 제외하고는 복음서를 중심으로 오직 예수님의 직접 제자들에게만 적용된 이유가 무엇일까요? 예수님의 직접 제자들과 그 뒤 제자들을 통해 믿음을 갖게 된 사람들을 구별하고자 한 의도가 이 속에 포함되었을까요? 아마 예수님을 '메시아'(그리스도), '구주', '주님'이라 부르게 된 까닭도 한몫했으리라 짐작해 볼 수 있습니다. 제자들은 예수님을 줄곧 '선생님'이라고 불렀지만 교회가 형성된 뒤로는 예수님을 '선생님'으로 부르지 않았습니다.

이렇게 보면 19세기 이후 '제자도'에 대한 관심은 '선생 예수'에 대한 관심과 무관하지 않다고 짐작해 볼 수 있습니다. 복음서에 자주 나오는 제자도(Discipleship, "나를 따르라", Follow Me, 독일어로 '나하폴게'[Nachfolge])는 과문(寡聞)인지 몰라도 '하나님의 나라' 개념과 함께 19세기 후반, 20세기 초반에 다시 살아난 중요한 개념입니다. 키에르케고어(Søren Kierkegaard)가 《철학적 단편》에서 '선생 소크라테스'와 '선생 예수'의 근본 차이를 논의하고 있는 것은 이 물음의 배경에서 보면 흥미롭다고 하겠습니다. 소크라테스는 선생으로 자처하지 않았다고 앞에서 이야기했습니다. 그런데 예수님은 제자들과 그 밖의 사람들이 '선생님'이라 부른 것을 마다하지 않으셨습니다. 이것은 무엇을 함축할까요?

예수님은 제자들에게 그들이 모르고 있는 진리를 가르치신 분이지만 소크라테스는 그와 대화를 나눈 젊은이들이 자신들에게 이미 구비된 진리를 스스로 '낳도록' 돕는 산파 역할을 자처했기 때문임을 키에르케고어는 지적합니다. 산파는 출산을 도울 뿐 스스로 낳지 않습니다. 그러나 예수께서는 무엇보다 자신을 제자들에게 보여 주시고 그들을 가르치셨습니다. 예수님의 사역을 서술할 때 마태복음은 두 군데서 예수께서 가르치신 일에 대해 언급하고 있습니다(마 4:23, 9:35). 두루 다니며 가르치는 일을 하신 예수님은 키에르케고어가 볼 때 단순한 선생에 그칠 뿐 아니라 그리스도이시고, 구주이시며, 주님이신 분입니다.

'성도'도 교회 공동체에 들어온 사람들을 부르는 명칭으로 많이 쓰였습니다. 신약성경에서 예수를 따르는 사람들, 하나님 백성이 된 사람들에 대해서 가장 많이 쓴 이름이 '성도'가 아닌가 생각합니다. 구약성경에도 종종 나타나는 말이고 신약성경에 널리 퍼져 있습니다만, 그 가운데서도 특히 바울 서신에 가장 많이 나타납니다.

"로마에서 하나님의 사랑하심을 받고 성도로 부르심을 받은 모든 자에게 하나님 우리 아버지와 주 예수 그리스도로부터 은혜와 평강이 있기를 원하노라"(롬 1:7).

"너희는 주 안에서 성도들의 합당한 예절로 그를 영접하고 무엇이든지 그에게 소용되는 바를 도와줄지니 이는 그가 여러 사람과 나의 보호자가 되었음이라"(롬 16:2).

"하나님의 뜻으로 말미암아 그리스도 예수의 사도 된 바울과 형제 디모데는 고린도에 있는 하나님의 교회와 또 온 아가야에 있는 모든 성도에게"(고후 1:1).

성도는 '거룩한 사람', '구별된 사람'이란 뜻입니다. 요즘은 장례식 때 '성도 아무개'라고 하면 교회 집사나 권사, 장로가 되지 못한 평신도를 일컫는 것으로 여겨집니다. 마치 유교 전통에서 '학생 아무개'라고 하는 것과 같습니다. 벼슬 못한 유교의 평신도를 '학생'(學生)이라고 불렀기 때문입니다.

성도는 영광스러운 이름입니다. 하나님의 백성으로 따로 거룩하게 구별된 사람이란 뜻이니까요. 이렇게 거룩하게 구별된 사람, 성별(聖別)된 사람이 성도입니다. 교회 모든 직분자가, 직분자이기 이전에, 모두 성도입니다.

평신도 신학의 선구자 역할을 한 인도네시아 선교사 출신이요, 네덜란드 레이든 대학 신학부 교수요, 평신도 신학자였던 (네덜란드어 발음 그대로 표기하면) 헨드릭 *끄라므르*(Hendrik Kraemer, 우리나라에서는 '헨드릭 크래머'로 알려져 있습니다)는 '평신도'도 하나의 '직분'이라고 보았습니다. 직분임에도 이것이 교회에서 오랫동안 잊혔다고 보고 그는 '평신도'라는 직분을 "잊힌 직분"이라고 불렀습니다. 잊힌 직분을 다시 회복함이 다름 아닌 그의 《평신도 신학》(1958)이란 책입니다.* 자신의 모국어 네덜란드어로 이 책을 다시 출판할 때는 《교회에

---

* 한국어판으로는 헨드릭 크래머, 홍병룡 옮김, 《평신도 신학》(아바서원, 2014)으로 번역, 출간되어 있습니다.

서 잊힌 직분》(*Het vergeten ambt in de kerk*, 1960)이라는 제목을 붙였습니다. *

많은 부분 수긍하고 받아들이면서도 '믿는 사람', '제자', '성도'는 직분이라기보다 오히려 그리스도를 따르는 사람들의 정체성을 일컫는 말입니다. "당신은 누구십니까?"라고 물으면 "저는 성도의 한 사람입니다", "예수를 따르는 제자 가운데 한 사람입니다", "신자이기를 원합니다"라고 말할 때 쓸수 있는 명칭 가운데 하나가 '성도'입니다. 그러므로 목사든, 사제든, 권사든, 집사든, 장로든, 전도사든, 모두가 성도 가운데 한 사람입니다. 우리가 몸담고 있는 한국 교회에 이 정신이 되살아나면 좋겠습니다.

예수를 믿고 따르는 사람들을 부르는 가장 보편화된 이름은 '그리스도인'일 것입니다. '기독교'로 통상 번역해 쓰는 희랍어 '크리스티아니스모스'(Christianismos)는 2세기에 출현했습니다. 안디옥의 주교였던 이그나티우스(Ignatius)가 처음 쓴 것으로 알려져 있습니다. '기독교'를 일컫는 영어 '크리스티어너티'(Christianity)는 희랍어와 라틴어 용법(Christianismus 와 Christianistas)을 받아 만들어진 용어이지만, 15세기 말이나

---

* H. Kraemer, *Het vergeten ambt in de kerk* (Den Haag: Boekencentrum, 1960).

16세기 초부터 쓰이기 시작했습니다.* 기독교 신앙을 가리
키는 이 말들은 '그리스도인'에 뿌리를 두고 있고 이 말은 당
연히 '그리스도'(Christos), 곧 나사렛 예수 그리스도를 일컫는
말입니다. 그런데 성경에서 사용된 횟수를 보면 '그리스도인'
은 앞에서 본 신자, 제자, 성도에 비해 매우 희소합니다. 신
약성경에는 딱 세 번 나옵니다.

먼저, 베드로전서 4장 13-16절을 보십시오. "오히려 너희
가 그리스도의 고난에 참여하는 것으로 즐거워하라 이는 그
의 영광을 나타내실 때에 너희로 즐거워하고 기뻐하게 하려
함이라 너희가 그리스도의 이름으로 치욕을 당하면 복 있는
자로다 영광의 영 곧 하나님의 영이 너희 위에 계심이라 너희
중에 누구든지 살인이나 도둑질이나 악행이나 남의 일을 간
섭하는 자로 고난을 받지 말려니와 만일 그리스도인으로 고
난을 받으면 부끄러워하지 말고 도리어 그 이름으로 하나님
께 영광을 돌리라." 예수를 따르는 사람들이 예수 때문에 고
난받는 일을 부끄러워하지 말고 하나님께 영광을 돌리라는
권고와 함께 '그리스도인'이란 호칭이 나옵니다.

두 번째로, 사도행전 26장 28절에 나옵니다. 26장 24-29절

---

* Wilfred Cantwell Smith, *The Meaning and End of Religion* (1962) (New York: Harper & Row, 1978), 73-75 참조.

을 보십시오. "바울이 이같이 변명하매 베스도가 크게 소리 내어 이르되 바울아 네가 미쳤도다 네 많은 학문이 너를 미치게 한다 하니 바울이 이르되 베스도 각하여 내가 미친 것이 아니요 참되고 온전한 말을 하나이다 왕께서는 이 일을 아시기로 내가 왕께 담대히 말하노니 이 일에 하나라도 아시지 못함이 없는 줄 믿나이다 이 일은 한쪽 구석에서 행한 것이 아니니이다 아그립바왕이여 선지자를 믿으시나이까 믿으시는 줄 아나이다 아그립바가 바울에게 이르되 네가 적은 말로 나를 권하여 그리스도인이 되게 하려 하는도다 바울이 이르되 말이 적으나 많으나 당신뿐만 아니라 오늘 내 말을 듣는 모든 사람도 다 이렇게 결박된 것 외에는 나와 같이 되기를 하나님께 원하나이다 하니라." 헤롯 아그립바 2세가 이 말을 쓴 것으로 봐서 그 당시 '그리스도인'이라는 호칭이 사람들에게 비교적 널리 쓰였던 것으로 보입니다.

'그리스도인'이란 말이 성경에 처음 쓰인 곳은 사도행전 11장입니다. 스데반의 순교 이후 많은 믿는 사람들이 주변 지역으로 흩어졌습니다. 그러다가 로마 제국에서 로마와 알렉산드리아에 이어 세 번째로 큰 국제 도시인 안디옥에 교회가 생겼습니다. 예루살렘 교회 지도자들이 바나바를 파송하는데, 바나바가 교회를 돌보다가 동역자가 필요해서 찾아간 사람이 다소에 있던 바울이었습니다. 그래서 바나바는 바울과 함께 1년간 안디옥에서 사역을 했고 "큰 무리가 주께 더하여 지더라"(행 11:24)라는 말씀처럼 교회가 크게 자랐습니다. 이때 사람들이 예수 그리스도를 따르는 무리를 처음으로 '그리스도인'이라 불렀습니다. 사도행전 11장 25-26절을 보십시오. "바나바가 사울을 찾으러 다소에 가서 만나매 안디옥에 데리고 와서 둘이 교회에 일 년간 모여 있어 큰 무리를 가르쳤고 제자들이 안디옥에서 비로소 그리스도인이라 일컬음을 받게 되었더라."

호칭은 대개 반대파 사람들이 붙이고, 그것을 나중에는 그렇게 불림을 받던 사람들이 자신들을 지칭하는 이름으로 사용한 경우가 허다합니다. '프로테스탄트', '퀘이커', '아나뱁티스트', '칼빈파', 모두 반대파들이 조롱하느라 붙인 이름입니다. 그러다가 나중에 각각 자신의 집단을 부르는 이름으로 쓰게 된 경우가 대부분입니다. '그리스도인'도 마찬가지입니다.

그리스도인, 'Christian'은 희랍어 단수로 표현하자면 '크리스티아노스'(Χριστιανός)입니다. '크리스토스'(Χριστός)에 '이아노스'(ιανός)라는 어미를 붙인 것인데, '이아노스'는 '따르는 사람', '닮은 사람', 또는 '모방하는 사람', '흉내 내는 사람'이란 뜻이 있습니다. 영어식으로 표현하면 예컨대 '헤겔리언'(Hegel-ian), '칸티언'(Kant-ian)이라 할 때 붙이는 '이언'(-ian)

이란 접미사와 같습니다. 헤겔리언은 '헤겔을 따르는 사람'이고, 칸티언은 '칸트를 따르는 사람'입니다. 마찬가지로 '크리스티아노스'는 '그리스도를 따르는 사람', 나아가서 '그리스도와 같은 사람', '그리스도를 닮은 사람'입니다.

유대인들에게 '그리스도'는 고유한 이름이 아니라 '직분'을 가리키는 말입니다. 베드로의 예루살렘 설교에서 보듯이 '나사렛 예수'를 하나님이 '주와 그리스도'가 되게 하셨다는 말은 예수가 만유의 주이시고 하나님이 일을 맡기려고 '기름 부어 세우신 분'(משיח, 마시아흐)이란 뜻입니다. 그런데 이 명칭은 사실 유대 전통을 아는 사람들에게만 이해되는 것이었습니다. 하나님이 기름 부으셔서 세운 사람이라는 '직분' 명칭이 그리스어와 라틴어를 쓰던 이방인들에게는 의미가 와닿을 수 없었습니다. 그들에게는 오히려 "예수 그리스도가 주이시다", "예수 그리스도가 사람들을 죄에서 건져 내는 구주이시고 만유를 다스리는 주님이시다"라는 말이 쉽게 이해되었습니다. 그리하여 '그리스도'는 예수님의 고유한 이름처럼 여겨지게 되었습니다.

'버락 오바마'(Barack Obama)라고 하면 '버락'이 부르는 이름이고 '오바마'가 가족 이름인 것처럼 '예수 그리스도'라 하면 '예수'가 개인을 부르는 이름이고 '그리스도'가 마치 가족 이름인 것처럼 되어 버렸습니다. 그리하여 칸트를 따르는 사

143

람이 '칸티언'이듯이 예수 그리스도를 따르는 사람들이 '크리스티아노스', 곧 '그리스도를 따르는 사람'이 되었습니다.

그리스도인은 그리스도와 연합한 사람

그리스도인은 그리스도를 따르는 사람입니다. 그리스도를 따르는 사람은 그리스도와 떨어질 수 없습니다. 그리스도와 연합한 사람, 그리스도와 하나가 된 사람입니다. 그리스도 그분이 사람의 육신을 입으시고, 이 땅에 거하시고, 고난을 당하시고, 하나님 아버지와 화목을 이루셨기 때문에 그리스도인은 이제 예수 그리스도를 통하여 하나님과 화목한 가운데 하나님의 자녀로서의 영광을 누릴 수 있는 존재가 되었습니다.

요한복음 17장에 나오는 제자들을 위한 예수님의 기도를 보십시오. "아버지여, 아버지께서 내 안에, 내가 아버지 안에 있는 것같이 그들도 다 하나가 되어 우리 안에 있게 하사 세상으로 아버지께서 나를 보내신 것을 믿게 하옵소서 내게 주신 영광을 내가 그들에게 주었사오니 이는 우리가 하나가 된 것같이 그들도 하나가 되게 하려 함이니이다 곧 내가 그들 안에 있고 아버지께서 내 안에 계시어 그들로 온전함을 이루어 하나가 되게 하려 함은 아버지께서 나를 보내신 것과 또 나를 사랑하심같이 그들도 사랑하신 것을 세상으로 알게 하려 함이로소이다"(요 17:21-23).

여기서 배울 수 있는 것은 하나 됨이 결코 개인적인 사건이 아니라 공동체적이라는 것입니다. 우리 한 사람 한 사람이 그리스도와 연합하여 한 공동체를 이룹니다. 이것은 신비로운 연합(unio mystica)입니다. 이 가운데 하나님의 영광이 드러납니다. 그런데 어떻습니까? 지금 우리의 모습과는 거리가 너무 멀지 않습니까? 우리는 너무나 개인적으로 예수를 믿고 있습니다. 성자 예수님이 성령 하나님 안에서 성부 하나님과 하나 되신 것처럼 그리스도를 따르는 사람들도 삼위 한 분 되신 하나님 안에서 하나가 됩니다. 하나 됨의 결과가 무엇입니까?

로마서 6장을 보십시오. "만일 우리가 그의 죽으심과 같은 모양으로 연합한 자가 되었으면 또한 그의 부활과 같은 모양으로 연합한 자도 되리라 우리가 알거니와 우리의 옛 사람이 예수와 함께 십자가에 못 박힌 것은 죄의 몸이 죽어 다시는 우리가 죄에게 종노릇하지 아니하려 함이니 이는 죽은 자가 죄에서 벗어나 의롭다 하심을 얻었음이라 만일 우리가 그리스도와 함께 죽었으면 또한 그와 함께 살 줄을 믿노니 이는 그리스도께서 죽은 자 가운데서 살아나셨으매 다시 죽지 아니하시고 사망이 다시 그를 주장하지 못할 줄을 앎이로라 그가 죽으심은 죄에 대하여 단번에 죽으심이요 그가 살아 계심은 하나님께 대하여 살아 계심이니 이와 같이 너희도 너희 자신을 죄에 대하여는 죽은 자요 그리스도 예수 안에서 하나님께 대하여는 살아 있는 자로 여길지어다"(롬 6:5-11).

하나 됨의 결과, 곧 그리스도와 연합한 결과는 함께 죽고 함께 살아나는 일입니다. 십자가와 부활 사건은 2천 년 전 과거에 일어난 사건만이 아닙니다. 더구나 부활은 미래에 다가올 사건만이 아닙니다. 십자가와 부활 사건은 지금, 여기에서 그리스도를 구주로, 주로 받아들이는 사람에게 일어나는 현재 사건입니다. 그리스도와 함께 오늘 내가 죽고, 그리스도와 함께 오늘 내가 다시 살아납니다. 그리하여 이제 더 이상 죄의 종이 아니라 의의 종이 된 것이 그리스도와의 연합을 통하여 일어나는 신분과 상태의 변화입니다. 죄와 사망의 권세에 있지 않고 이제는 자유롭게 하는 "생명의 성령의 법"(롬 8:2) 아래 있게 됩니다.

그래서 로마서 8장 9-11절에서 바울은 이렇게 쓰고 있습니다. "만일 너희 속에 하나님의 영이 거하시면 너희가 육신에 있지 아니하고 영에 있나니 누구든지 그리스도의 영이 없으면 그리스도의 사람이 아니라 또 그리스도께서 너희 안에 계시면 몸은 죄로 말미암아 죽은 것이나 영은 의로 말미암아 살아 있는 것이니라 예수를 죽은 자 가운데서 살리신 이의 영이 너희 안에 거하시면 그리스도 예수를 죽은 자 가운데서 살리신 이가 너희 안에 거하시는 그의 영으로 말미암아 너희 죽을 몸도 살리시리라."

그리스도인은 그리스도를 닮아 가는 사람

그리스도를 따르는 사람의 첫 번째 특징을 (지금까지 살펴본 바를 따르면) '그리스도와 연합함'이라고 하겠습니다. 그러면 여기에 뒤따라오는 두 번째 특징은 무엇이겠습니까? 닮아 간다는 것이 아닐까 생각합니다. 예수님을 따르는 사람들이 그분의 성품, 그분의 모습을 닮아 가지 않고는 따른다고 할 수 없습니다. 그렇다면 예수님의 마음, 예수님의 성품은 무엇입니까? 우리가 어떻게 그분의 성품을 닮아 가겠습니까?

앞서 예수님의 생각, 예수님의 마음은 스스로 자기를 비우심 가운데, 고통받는 사람들을 보고 같이 아파하시는 마음 가운데, 그리고 언제나 하나님의 나라, 하나님의 다스리심을 바라고 실현하시는 데 있었다고 말했습니다. 이제 조금 다른 관점에서 살펴보겠습니다.

복음서, 그 가운데서 마태복음을 보면 예수님의 마음, 예수님의 성품을 가장 잘 드러낸 부분이 산상설교의 첫 부분이라 할 수 있습니다. 예수님은 복을 이야기하시고, 복 받은 사람의 자질을 이야기하시고, 그러한 자질을 가진 사람이 받은 복의 구체적인 내용을 이야기하십니다. 중요한 것은 여기서 말하는 여덟 가지의 복, 여러 가지의 자질이 우리가 은사를 각각 달리 받는 것처럼 각각 달리 받는 복이 아니라는 것입니다. 어떤 사람은 심령이 가난하고, 어떤 사람은 애통하는 등의 방식으로 여덟 종류의 사람이 있음을 말하는 것이 아닙니다. 예수의 제자 된 사람은 이 여덟 가지를 자신의 성품으로 소유해야 한다는 것을 예수님은 말씀하고 계십니다.*

"심령이 가난한 자는 복이 있나니 천국이 그들의 것임이요 애통하는 자는 복이 있나니 그들이 위로를 받을 것임이요 온유한 자는 복이 있나니 그들이 땅을 기업으로 받을 것임이요 의에 주리고 목마른 자는 복이 있나니 그들이 배부를 것임이요 긍휼히 여기는 자는 복이 있나니 그들이 긍휼히 여김을 받을 것임이요 마음이 청결한 자는 복이 있나니 그들이 하나님을 볼 것임이요 화평하게 하는 자는 복이 있나니 그들이 하나님의 아들이라 일컬음을 받을 것임이요 의를 위하여 박해를

* 이 점을 저는 누구보다도 존 스토트(John Stott)에게서 배웠습니다. 존 R. 스토트, 《예수님의 산상설교》(생명의말씀사, 1999) 참조.

받은 자는 복이 있나니 천국이 그들의 것임이라 나로 말미암아 너희를 욕하고 박해하고 거짓으로 너희를 거슬러 모든 악한 말을 할 때에는 너희에게 복이 있나니 기뻐하고 즐거워하라 하늘에서 너희의 상이 큼이라 너희 전에 있던 선지자들도 이같이 박해하였느니라"(마 5:3-12).

예수님을 통해서 이제 하나님의 나라가 시작되었습니다. 하나님이 다스리시는 나라, 하나님의 공동체가 시작되었습니다. 이 공동체에 속한 사람은 어떤 사람입니까? 심령이 가난한 자, 애통하는 자, 온유한 자, 의에 주리고 목마른 자, 긍휼히 여기는 자, 마음이 청결한 자, 화평하게 하는 자, 의를 위하여 박해를 받은 자입니다. 이것을 성품 언어로 바꾸어 표현하면 겸비함, 애통함, 온유함, 정의로움, 긍휼함, 청결함, 화평함, 박해 가운데서도 인내함 등으로 말할 수 있을 것입니다.

이 가운데 어떤 성품은 세상 사람들도 추구할 수 있습니다. 예컨대 정의로움이라든지, 화평함이라든지, 긍휼함이라든지, 어떤 지역이나 문화에서든 이런 성품을 중요한 덕목으로 생각하지 않는 데는 드뭅니다. 그러나 여덟 가지를 모두 한결같이 한 사람에게 필요한 덕목으로 보는 곳은 없습니다. 예수의 오심과 함께 이제 예수님은 하나님 나라를 세상 나라와 선명하게 대조시키면서 하나님 나라에 속한 백성들,

그분의 제자들, 성도들, 그리스도인들에게 그들이 세상과 다른 모습, 다른 성품이 무엇인지를 지금 보여 주고 계십니다.

이 가운데 특별히 두 가지만 강조해서 말씀을 드리겠습니다. 첫 번째로, 그리스도의 성품, 그리스도를 따르는 이의 성품 가운데 하나는 '의에 주리고 목마름'입니다. 우리 자신의 의가 아니라 하나님의 의를 추구하고 그것을 목말라하는 것입니다. 이 가운데는 두 가지가 포함됩니다. 하나는 공의를 지키는 것입니다. 공의란 올바른 판단, 올바른 재판을 뜻합니다. 재판정에서 재판하는 사람이나 행정 기관에서 판단을 내리는 사람이나 학생을 평가하는 교수의 경우 편견이나 치우침이 없이 공정해야 합니다. 또 하나는 가난한 이, 나그네, 고아와 과부, 다시 말해 약자의 위치에 처한 사람을 옹호하고 대변하는 일입니다.

두 번째, 예수님은 팔복 가운데서 특별히 화평함, 곧 평화를 세우고 이루는 것을 강조하셨습니다. 화평하게 하는 자, 곧 평화를 만드는 자(peace-maker)는 하나님의 아들이라 일컬음을 받을 것이라고 하셨습니다. 마태복음 5장 23-25절에서는 "예물을 제단에 드리려다가 거기서 네 형제에게 원망 들을 만한 일이 있는 것이 생각나거든 예물을 제단 앞에 두고 먼저 가서 형제와 화목하고 그 후에 와서 예물을 드리라 너를 고발하는 자와 함께 길에 있을 때에 급히 사화하라"고까지 말씀하셨습니다. 다른 성품, 다른 품성도 중요하지만 화평을 추구하는 것이 그리스도인인지 아닌지를 구별할 수 있는 표시가 된다는 것을 예수님은 보여 주십니다.

하나님의 나라를 위해서 노력하되, 결국에 하나님이 우리에게 원하시는 것은 성령 안에서의 화해와 일치임을 우리는 잊지 말아야 할 것입니다. 만일 평화의 열매, 화평과 화해의 열매가 없다면 예수를 따르는 참된 제자, 참된 그리스도인이 아니라고 보아야 할 것입니다.

그리스도인 됨을 나무에 비유해 보겠습니다. 삼위 한 분 되시는 성부, 성자, 성령 하나님과 연합하여 하나 됨이 나무의 뿌리라면, 이제 성령이 빚어 만드시는 성품이 팔복에서 그려진 겸비함, 애통함, 온유함, 정의로움, 긍휼함, 청결함, 화평함, 박해 가운데서도 인내함이 그리스도인 됨의 나무둥치와 큰 가지와 같다고 할 수 있습니다.

이제 여기에서 맺히는 열매를 바울은 갈라디아서 5장 22-23절에서 성령의 아홉 가지 열매로 말하고 있습니다. "오직 성령의 열매는 사랑과 희락과 화평과 오래 참음과 자비와 양선과 충성과 온유와 절제니."

하나하나 차근히 다룰 수 있는 내용입니다만, 간단히 한마디씩만 하지요. 첫째, '사랑'(헬. 아가페)은 조건 없이 주는 사랑입니다. 둘째, '희락'(헬. 카라)은 기쁨, 즐거움, 특별히 예배와 축제를 통하여 사람들과 함께 누리는 기쁨입니다. 셋째, '평화'(헬. 에이레네)는 하나님과 사람과 더불어 누리는 평화이면서 동시에 우리 안에서 풍성하게 누리는 평강입니다. 넷째, '오래 참음'(헬. 마크로투미아)은 역경과 고난 가운데서도 절망하지 않고 담대한 마음을 갖는 것입니다. 다섯째, '자비'(헬. 크레스토테스)는 타인에 대해서 보이는 친절함, 배려하는 마음입니다. 여섯째, '양선'(헬. 아가토수네)은 특별히 고난받는 사람에게 보이는 자비로운 마음, 선한 마음과 태도입니다. 일곱째, '충성'(헬. 피스티스)은 자기 자신과 타인에 대해서 신실한 마음, 신실한 삶의 태도입니다. 여덟째, '온유함'(헬. 프라오테스)은 타인을 환대하는 마음과 태도입니다. 아홉째, '절제'(헬. 엥크라테이아)는 스스로 통제할 수 있는 능력입니다.

다시 좀 익숙한 단어로 성령의 아홉 가지 열매를 말하면, 사랑, 기쁨, 평강, 인내, 배려, 선함, 신실, 환대, 자기 통제입니다. 이것들이 삶에서 열매로 온전히 모두 드러나기 시작하면 그가 참으로 그리스도인임을 우리는 알 수 있습니다. 성령 충만함의 역사는 성령의 열매로 드러나기 때문입니다. 그러므로 예수님은 "열매를 보고 안다"고 말씀하십니다. 하나님 안에 뿌리를 내리고 그리스도 안에서 역사하시는 성령님을 통하지 않고서는 이 열매들을 진정으로 맺을 수 있는 길이 없습니다.

그리스도를 따르는 사람, 그리스도인의 직분

여기서 한 가지만 더 살펴보겠습니다. 지금까지 우리는 그리스도인의 존재, 그리스도인의 성품에 관해서 생각해 보았습니다. 그리스도인이라면, 그는 하나님과 연합된 자, 하나님과 하나가 된 이요, 그리스도의 성품을 닮아 가는 이요, 성령의 열매를 맺는 이라는 것을 같이 생각해 보았습니다. 남아 있는 한 가지는 우리가 그리스도를 따르는 자라면 그분을 닮아 갈 뿐 아니라 동시에 그분의 일, 그분이 맡기신 일을 감당해야 한다는 것입니다. 그리스도인에게 맡겨진 그분의 일이 무엇입니까?

다시 한 번 그리스도인은 '그리스도를 따르는 사람'임을 기억하면 좋겠습니다. 따르는 사람이면 따르는 그분, 곧 그리스도의 일을 해야 합니다. 그리스도는 어떤 일, 어떤 직무를 가지셨습니까? '그리스도'는 이름이 아니라 예수님이 맡으신 직분, 직무를 가리키는 말임을 앞서 말씀드렸습니다. 말뜻 자체는 '기름 부음 받은 이', 곧 '메시아'입니다. 메시아에게는 세 가지 직무가 있습니다. 첫 번째는 선지자직이고, 두 번째는 제사장직이며, 세 번째는 왕직입니다. 예수님은 선지자로, 제사장으로, 그 가운데서도 대제사장으로, 왕으로 오셨습니다. 우리가 예수를 그리스도로, 주로 고백하는 것은 그분의 세 직분과 관계됩니다.

예수님은 선지자로 하나님을 드러내셨습니다. 예수님은 하나님의 계시입니다. 그분 자신의 삶과 말씀을 통하여 선지자 역할을 하셨습니다. 예수님은 하나님의 온전한 '형상'입니다. 그분을 통해서, 그리고 그분의 말씀을 통해서 우리는 하나님이 어떤 분이신지, 하나님의 성품이 무엇인지, 하나님이 어떤 세상, 어떤 개인과 공동체를 원하시는지, 하나님이 원하시는 정의와 평화의 나라가 무엇인지 알게 됩니다.

예수님은 동물을 죽여 하나님께 제사를 지내신 분이 아니라, 그분 자신이 자신의 몸을 드려 모든 불순종을 대신하는 순종의 제사를 지내신 제사장이요 대제사장이십니다. 그분을 통하여 우리 개개인이, 그리고 우리가 공동체적으로 하나님과 화해했습니다. 하나님과의 화해를 통해서 그분께로 부름 받은 사람들도 그분 안에서 서로 화해를 누리고 하나 됩니다. 그분의 제사는 단번에 드린 제사였고 영원토록 효력이 있는 제사였습니다.

또한 예수님은 왕의 직분을 수행하셨고, 지금도 수행하시고, 앞으로 우리를 함께 그분의 왕직 수행에 참여시키실 것입니다. 그분은 십자가에 못 박혀 달리시고 부활하심으로 사탄의 권세, 죽음의 권세를 이기셨습니다. 비록 우리 눈으로 볼 수 없고 귀로 들을 수 없으나 예수께서는 지금도 성령 안에서 세상의 주로서 어느 한 영역도 빼지 않고 온 세상을 다스리고 계시고, 이 땅에 완전한 통치를 가져오실 것입니다.

우리를 그리스도인으로 부르셨다는 것은 우리도 이 땅에서, 그리고 앞으로 올 세상에서 세 가지 직분을 수행하리라는 희망을 가지고 살 수 있도록 하신 것입니다. 그리스도의 세 직분은 그리스도인에게도 동일하게 주신 것입니다.

첫 번째, 그리스도인은 이 땅에서 선지자로서 말씀을 전하고 선포하고 하나님을 드러내고 알리는 특권과 책임이 있습니다. 말씀을 통하여, 삶을 통해서 하나님이 원하시는 것을 분별하고 발언하고 하나님을 드러내는 선지자 직분을 수행하는 것이 그리스도인의 일입니다. 우리 가정에서, 우리 직장에서, 우리가 몸담고 있는 사회에서 이 역할을 감당할 책임이 있습니다. 그러자면 말할 것도 없이 하나님의 말씀을 잘 분별하고 우리가 지금 어디에 처해 있는지, 어떻게 하나님이 원하시는 삶의 질서를 회복할지 공부하고 고민하고 모색하고 찾아야 합니다. 그러기 위해서는 마음이 가난해야 합니다. 청결해야 합니다. 의에 주리고 목말라야 합니다.

두 번째, 그리스도인에게는 제사장 직분이 있습니다. 우리 자신의 죄를 날마다 회개하고 하나님 앞에 성결하게 살려고 할 뿐 아니라, 우리 가정과 우리 교회, 사회에 힘을 미치고 있는 죄와 싸우고, 이를 하나님 앞에서 중보하는 일을 해야 할 책임입니다. 왜냐하면 모든 것은 하나님과 화해를 이루어야 하기 때문입니다. 하나님과 화해를 이루는 제사장 역할을 우리는 기도를 통하여, 우리 몸의 수고를 통하여 해야 합니다. 여기에는 애통하는 마음, 긍휼히 여기는 마음이 필요합니다. 이 마음 없이 우리는 제사장 역할을 할 수 없습니다. 우리 가정에서, 우리 직장에서, 우리 교회에서, 우리 사회에서 우리는 이런 마음으로 그리스도를 대신해서 드러내야 합니다.

세 번째 직분은 왕직입니다. 그리스도인이 세상에서 지금 드러내야 할 왕직은 지배하고 통치하고 군림하는 일이 아닙니다. 예수님도 섬김을 받으러 온 것이 아니라 섬기러 왔다고 하셨습니다(마 20:28; 막 10:45). 자신을 대속물로 드림으로 생명을 회복하는 일을 하신다는 말씀입니다. 그러므로 그리스도인의 왕직 수행은 대통령이 되고, 사장이 되고, 군사령관이 되어야 한다는 말이 아닙니다. 물론 이를 통해서도 수행할 수 있지만, 이 직분들을 맡는다 해도 지배하고 군림해서는 안 됩니다. 예수 그리스도가 이 땅에서 자신의 직분을 수행하신 방식도 군림하는 방식이 아니었습니다. 그분은 자신의 목숨을 내어 주기까지 세상을 사랑하셨습니다.

그리스도인들이 개인의 삶에서, 가정에서, 교회에서, 직장에서, 사회에서 이 직분을 수행하는 모습은 섬김의 모습입니다. 무엇을 통한 섬김입니까? 삶의 질서를 회복하는 일과 관련해서 섬김을 생각해 볼 수 있습니다. 하나님은 이 세상을 만드실 때 질서를 주셨습니다. 그런데 그 질서는 죄로 인해서 왜곡되고 혼란 속에 빠졌습니다. 그러므로 그리스도인의 책임은 삶의 자리에서 이 질서를 회복하는 일을 하는 것입니다.

하나님의 법과 질서는 생명을 살리는 법이요 질서입니다. 생명을 살리고 생명이 생명답게 활기 있게 주어진 가능성을 발휘하는 것이 하나님이 원하시는 삶의 모습입니다. 가정에는 사랑이, 사회에는 정의가, 학문하는 곳에서는 진리가, 기업에서는 그로 인해 삶의 누림이 가능한 질서, 그런 법이 회복되는 꿈을 가진 사람이 그리스도인입니다. 이 직분, 이 책임과 권리가 주어진 부름 받은 무리에 속한 것을 기뻐하고 주께 영광을 돌려야 합니다.

그러나 우리가 항상 기억해야 할 일은 하나님 나라는 이미 왔으나 아직 완성되지 않았다는 사실입니다. 우리는 예수 그리스도와 함께 이미 온 하나님의 나라와 앞으로 그분의 다시 오심으로 완전히 이루어질 하나님 나라 사이의 때, 사이 시대(Zwischen-Zeit, Between-Time)에 살고 있다는 사실을 인식해야 합니다. 이것은 예수 그리스도가 말씀하신 하늘나라 백성, 제자의 성품을 우리가 가질 수 있으면서도 그것을 이루기가 지극히 힘들고, 그리스도인의 직분을 수행할 수 있으나 때때로 실패할 수 있다는 사실과 직결됩니다.

이것이 그리스도인이 처해 있는 상황입니다. 하나님 나라의 생명의 법이 벌써 힘을 발휘했으나 죄의 영향력도 여전히 남아 있고, 그리스도의 성품이 이미 그리스도인 사이에 이루어지기 시작했으나 여전히 우리는 완전히 그것을 이루어 낼 수 있다고 스스로 자만할 수 없는 현실에 처해 있습니다. 사람을 보면 우리는 비관주의에 빠지지만, 예수 그리스도를 보면 비관주의에 빠질 수 없습니다. 온 힘을 다해서 주님의 나라를 사모하고 노력하되, 온 힘을 다해서 주님의 권능과 지혜와 은혜에 완전히 의존해야 합니다.

우리가 홀로 신앙 생활을 하는 것이 아니라 같은 믿음의 형제자매와 함께하고 있다는 것이 얼마나 다행인지 모릅니다. 서로 돌보고, 서로 관심 갖고, 서로 세워 가도록 애써야 합니다. 비록 현재 만족할 수 없는 삶의 상황에 처해 있다 하더라도 우리를 부르신 그 소망에 기대하고 절망에 빠져서는 안 됩니다. 읽고 생각하고 모색하고 숙고해야 합니다. 공부하는 자세를 한순간도 흩뜨려 놓을 수가 없습니다. 토론을 위한 토론, 논쟁을 위한 논쟁이 아니라 영적으로 서로 세우고 하나님의 사람으로 만들어 가기 위해서 토론하고 논쟁해야 합니다. 그러기 위해서 이제 무엇을 생각하고, 어떻게 생각해야 하는지 생각해 보겠습니다.

2

그리스도인이
생각해야 할 방식

그리스도인이 신자로서, 제자로서, 성도로서, 나아가 그리스
도를 따르는 사람으로 살아가려고 할 때 어떤 방식으로 생
각해야 하는지 물어보자고 제안했습니다. 무엇보다 논리적
인 방식의 사고를 생각해 볼 수 있습니다. 그런데 신앙이 좋
으면 좋을수록 생각을 하지 말아야 하고 논리를 따지지 않아
야 한다는 생각이 우리 주위에 퍼져 있음을 부인할 수 없습
니다. 그런데도 논리를 중요하게 생각해야 할 이유가 있을까
요? 논리를 무시해야 정말 신앙이 있는 것일까요? 예수님과
바울의 경우를 먼저 들여다보면 좋겠습니다.

예수님은 논리를 무시하셨을까?

예수님의 경우부터 먼저 보겠습니다. 예수님은 논리를 무시
하셨을까요? 여러분은 어떻게 생각하나요? 예수님은 사람이

시지만 동시에 하나님이시기 때문에 우리가 일상에서 통상 적용하는 논리를 뛰어넘으셨을 것이라고 당연히 생각하기 쉽습니다. 논리뿐만 아니라 사람의 생각이나 감정, 정치나 경제, 학문이나 예술처럼 사람이 하는 일과는 무관하실 것이라고 사람들은 보통 생각합니다. 그런데 보십시오. 몇 가지 예를 들겠습니다.

마태복음 12장 1-8절을 보십시오. "그때에 예수께서 안식일에 밀밭 사이로 가실새 제자들이 시장하여 이삭을 잘라 먹으니 바리새인들이 보고 예수께 말하되 보시오 당신의 제자들이 안식일에 하지 못할 일을 하나이다 예수께서 이르시되 다윗이 자기와 그 함께한 자들이 시장할 때에 한 일을 읽지 못하였느냐 그가 하나님의 전에 들어가서 제사장 외에는 자기나 그 함께한 자들이 먹어서는 안 되는 진설병을 먹지 아니하였느냐 또 안식일에 제사장들이 성전 안에서 안식을 범하여도 죄가 없음을 너희가 율법에서 읽지 못하였느냐 내가 너희에게 이르노니 성전보다 더 큰 이가 여기 있느니라 나는 자비를 원하고 제사를 원하지 아니하노라 하신 뜻을 너희가 알았더라면 무죄한 자를 정죄하지 아니하였으리라 인자는 안식일의 주인이니라 하시니라."

아마 예수님은 이렇게도 주장하실 수 있었을 것입니다. "나는 안식일의 주인이다. 나와 함께한 사람은 내가 하고 싶은 대로 할 수 있다." 그러나 예수님은 그렇게 하지 않으십니다. 논리를 세우십니다. 안식일의 의식이나 성전의 관습을 예수님도 존중하시지만, 율법을 통해 규정된 의식과 관련된 법이 통용되지 않을 경우를 예수님은 근거로 제시하십니다. 여기서 예수님이 제시하신 근거는 성경에 나오는 사례입니다.

사무엘상 21장 1-6절을 보면 다윗이 부하들과 있을 때 제사장 아히멜렉에게 음식을 요청합니다. 아히멜렉은 달리 줄 것이 없어 하나님께 바쳤던 떡(진설병)을 내어 주었습니다. 하나님께 바친 떡은 법에 따르면 제사장만 먹을 수 있습니다. 다윗과 청년들은 제사장이 아니었습니다. 그런데 아히멜렉은 다윗에게 그 떡을 내어놓았습니다. 왜냐하면 그들의 허기를 채워 줄 음식이 그것밖에 없었기 때문입니다.

먹고 생명을 유지하는 일이 율법을 '율법적으로' 지키는 일보다 더 중요하다는 것("하나님은 자비를 원하시고 제사를 원하지 아니하신다")을 예수님은 논거로 제시하십니다. 바리새인들은 다윗의 사례를 알고 있었고 하나님은 제사보다는 자비를 원하신다는 것을 알고 있었습니다. 사람의 생명이 중요하냐 율법이 중요하냐, 둘 중 선택의 문제가 있을 때 예수님은 생명이 중요함을 보여 주는 사례를 논거로 제시하셨습니다. 따라서 만일 바리새인들이 일관성 있게 생각하고, 일관성 있게 행동한다면 당연히 예수님의 논리를 따를 수밖에 없었습니다.

우리에게 《하나님의 모략》(복있는사람, 2015)이라는 책으로 잘 알려져 있는 달라스 윌라드(Dallas Willard, 리처드 포스터[Richard Foster]와 함께 레노바레[Renovare] 운동을 펼친 철학 교수입니다)는 이 예에 이어 누가복음 20장 27절 이하에 나오는 부활을 믿지 않는 사두개인들과 예수님의 논쟁을 두 번째 예로 들고 있습니다.

사두개인 중 한 사람이 예수님께 질문을 했습니다. 모세의 율법을 따라 맏형부터 막냇동생까지 모두 일곱 형제와 결혼한 여인이 부활 후에 누구의 아내가 되느냐는 물음이었습니다. 이 질문은 "만일 부활이 있다면…"이라는 전제에서 출발해서 "만일 그렇다면…" 오류로 귀결될 수밖에 없는 사례 제시를 통하여 부활을 부인하고자 하는 의도에서 비롯된 질문입니다.

만일 부활이 있다면 일곱 형제 모두 다시 살아날 테고, 만일 그렇다면 이 땅에서 남편을 가졌던 여인은 부활 후에도 한 남편을 가질 텐데, 일곱 형제와 아내 되었던 여인이 모두 부활한다면 그 여인이 일곱 형제 모두의 아내가 되어야 할 것이나, 그런 일은 불가능하기 때문에, 부활도 없을 것이라는 논리입니다. 논리학이나 수학에서 말하는 귀류법(argumentum ad absurdum)을 사두개인은 적용했다고 하겠습니다. 전제가 만일 참이라면 결론에 오류가 발생함을 보임으로 전제를 부인하는 논법입니다.

　예수님은 사두개인의 논리를 어떻게 파(破)하십니까? 먼저 부활의 몸은 결혼과 성관계를 하는 몸과는 다르며 다시 죽을 수 없는 천사와 같은 몸임을 먼저 지적하십니다. 따라서 이 땅에서 누구의 아내였다고 해서 부활한 뒤에 다시 누구의 아내이어야 할 필요가 없습니다. 따라서 사두개인이 부활을 부정하기 위해 도입한 "누구의 아내가 되리이까?"라는 질문 자체가 성립하지 않음을 먼저 보여 주십니다.

　두 번째로, 예수님은 답변을 통하여 (사두개인조차 당연히 부인할 수 없는) 하나님이 어떤 분이신가를 알게 하심으로 부활의 실재성을 논증하십니다. "아브라함의 하나님, 이삭의 하나님, 야곱의 하나님은 죽은 자의 하나님이 아니라 산 자의 하나님이시다, 언약을 통해 하나님은 언약을 맺는 이, 곧 산 자의 하나님이 되어 주시고, 하나님과 언약을 맺은 사람은 하나님 앞에서 언제나 살아 있는 사람이다, 따라서 언약을 맺은 사람이 죽었다 하더라도 이 사람은 하나님께 살아 있는 자다, 따라서 부활은 있다"라는 방식으로 논증이 펼쳐집니다. 만일 사두개인이 하나님에 대해서 일관성 있게 생각한다면 그가 부정하려고 했던 부활을 수용하지 않을 수 없도록 예수님은 논리를 전개하셨습니다.

　월라드가 드는 세 번째 예는 "그들은[사두개인들은] 아무것도 감히 더 물을 수 없음이더라"(눅 20:40)라는 구절에 이어 곧장 나오는 이야기입니다. "예수께서 그들에게 이르시되 사람들이 어찌하여 그리스도를 다윗의 자손이라 하느냐 시편에 다윗이 친히 말하였으되 주께서 내 주께 이르시되 내가 네 원수를 네 발등상으로 삼을 때까지 내 우편에 앉았으라 하셨도다 하였느니라 그런즉 다윗이 그리스도를 주라 칭하였으니 어찌 그의 자손이 되겠느냐 하시니라."

여기서 예수님은 그리스도를 '다윗의 자손'이라 부르는 것과 다윗이 그리스도를 주(다윗의 주)라고 부른 것이 어떻게 양립할 수 있는가 하는 질문을 던지십니다. 어떻게 메시아가 (당시 모두가 수용하듯이) '다윗의 자손'이며 동시에 '다윗의 주'일 수 있느냐는 서로 모순된 주장을 사람들에게 제시하심으로 예수님은 그들에게 메시아의 정체에 관해서 다시 생각하게 해 주셨습니다. 이 모순을 통해 예수님은 메시아가 육신으로는 다윗의 자손으로 오지만 그분의 그분 됨은 다윗과 같은 이스라엘의 왕에 그치지 않고 "땅의 임금들의 머리"(계 1:5)요, 모든 열방의 왕이요, 만왕의 왕임을 말씀해 주십니다.

이런 예들을 통하여 윌라드는 예수님이 탁월한 논리학자요 사상가이심을 드러냅니다. 누구보다 영성을 강조하는 그가 이토록 '논리학자로서의 예수'(Jesus the Logician)를 강조함은 논리는 예수와 무관하다고 생각하는 이른바 '복음주의자'

들에게 경종을 울리기 위함입니다.*

그런데 생각해 봅시다. 우리가 성령님 안에서 예수 그리스도를 통하여 하나님을 믿는다고 할 때, 아니 줄여서 우리가 하나님을 믿는다고 할 때, 이때 믿음이 우리가 골똘히 생각하고 탐구해서 얻은 결과인가요? 다시 말해, 믿음이 지적 추구의 결과인가요? 저는 예전에는 이 질문에 대하여 "아니다"라고 곧장 답했습니다. 지성은 믿고 난 뒤 그때 필요한 것이지 믿음에 이르는 데 별로 중요하지 않다고 생각했습니다. 그런데 생각이 바뀌기 시작했습니다. 하나님이 사람을 부르시는 과정이 동일하지 않기 때문에 일률적인 답을 할 수 없다는 것이 요즘 저의 생각입니다.

사람 가운데는 따지지 않고 묻지 않고 쉽게 받아들이는 사람이 있는가 하면, 오랫동안 고심하고 재어 보고 두들겨 보는 사람이 있습니다. 하루아침에 급격하게 변하는 사람이 있는가 하면, 서서히 변하는 사람도 있습니다. 어떤 사람은 이것저것 찾아보고 읽어 보고 숙고해 본 뒤에 받아들이지만, 전도를 받자마자 수용하는 사람도 있습니다. 어떤 경우든 하나님의 은혜가 아니고서는 우리가 예수 그리스도를 우리의 구

---

* Dallas Willard, "Jesus the Logician," *Christian Scholar's Review*, 1999, vol. XXVIII, #4, 605-14 참조.

주로, 우리의 주님으로 고백하고 받아들일 수 없다는 것을 우리는 말씀을 통하여, 우리의 경험을 통하여 알고 있습니다. 그럼에도 철저히 따져 보고 깊은 고뇌에 빠진 다음 하나님을 알게 된 경우를 우리는 어거스틴(아우구스티누스, Augustinus)과 체스터턴(G. K. Chesterton)에게서 찾아볼 수 있습니다.

신앙으로 향한 어거스틴의 여정은 《고백록》에 잘 나타나 있습니다. 어거스틴은 어릴 때부터 신앙이 돈독한 어머니 모니카 아래서 자랐지만 크면서 신앙과는 반대되는 삶을 살았습니다. 타가스테에서 공부하는 동안 벌써 한 여자와 동거를 시작합니다. 정욕과 쾌락, 친구와 오락에 빠진 삶이 《고백록》에 자세히 그려져 있습니다. 이때 우연히 마르쿠스 툴리우스 키케로(Marcus Tullius Cicero)의 《호르텐시우스》(철학의 권유)라는 책을 읽고 진리에 대한 갈증을 강하게 느낍니다. 어거스틴은 육체적 쾌락과 향락 속에 있으면서도 진리를 찾아 고민합니다.

그즈음에 만난 것이 마니교였습니다. 마니교에 12년 넘게 빠져 있다가 마침내 당시 서로마 제국의 수도였던 밀라노에서 암브로시우스(Ambrosius) 주교의 설교를 들으면서 신앙에 점점 다가섭니다. 마니교를 떠나는 데는 신플라톤 철학이 크게 영향을 주었습니다. 그리고 마지막에 영적 고뇌에 심하게 사로잡혀 있던 중 "집어라, 읽어라"(tolle, lege)라는 소리를 듣고 탁자에 두었던 성경책을 펼쳐 읽은 곳이 로마서 13장의 "이제는 자다가 깰 때라"라는 성경 구절이었습니다.

자신의 회심의 마지막 장면에 대해서 어거스틴은 《고백록》 8권에서 자세히 기록하고 있습니다. 진리에 대한 갈증, 무엇이 진리인지 찾고자 하는 끊임없는 지적, 영적 추구가 결국 신앙으로 이끈 경우를 어거스틴에게서 볼 수 있습니다. 이 과정을 기록한 것이 《고백록》입니다. 《고백록》은 긴 기도문입니다. 처음부터 끝까지 기도로 이어지는 고백은 죄의 고백일 뿐 아니라 동시에 찬양의 고백이고, 죄와 찬양뿐만 아니라 나아가서 자신의 신앙의 고백입니다. 그러므로 고백에는 삼중의 의미가 있습니다.

"주여, 당신은 위대하신 분이시고 크게 찬양받으실 분입니다." 이렇게 어거스틴은 《고백록》을 찬양으로 시작합니다. 찬양의 고백에 이어 자신의 죄를 고백하고, 이 가운데서 자신에게 무한한 은혜와 사랑을 베풀어 주신 삼위일체 하나님에 대한 자신의 사랑과 믿음을 고백합니다. 이 고백을 듣는 사람들이 고백하는 그가 누구이며, 어떻게 하나님을 떠나 헤맸는지, 어떻게 하나님께 돌아왔는지, 하나님이 베푸신 사랑이 얼마나 큰지, 그가 얼마나 하나님을 사랑하는지, 그것을 듣고 알고 자기가 현재 서 있는 자리로 나와 하나님을 함께 찬양하기를 기대하며 어거스틴이 쓴 책이 《고백록》입니다.

다른 예를 체스터턴에게서도 찾아볼 수 있습니다. 그의 경우는 좀 길게 이야기해 보겠습니다. 체스터턴은 국내에는 그의 탐정 소설 시리즈 《브라운 신부》와 《G. K. 체스터턴의 정통》(아바서원, 2016), 《G. K. 체스터턴의 영원한 사람》(아바서원, 2020), 《목요일이었던 남자》(리플레이, 2017) 등이 번역되어 있습니다. 여러분도 잘 알고 있는 C. S. 루이스와 도로시 세이어즈(Dorothy Sayers)가 크게 영향을 받은 사람입니다.

체스터턴은 1920년대 중반 가톨릭교회에서 세례를 받았습니다만, 이미 1908년 《G. K. 체스터턴의 정통》을 출판할 때 그리스도인이 되어 있었습니다. 그의 여정은 보통 사람보다 특이한 경우라 하겠습니다. 전도를 통하기보다 철저한 사고, 철저한 검토를 통해서 신앙에 이른 경우이기 때문입니다. 체스터턴은 《G. K. 체스터턴의 정통》 제6장 "기독교의 역설"에서 이렇게 얘기하고 있습니다. 중요한 부분만 몇 구절 인용해 보겠습니다. *

"나는 열두 살 때에는 이방인이었고, 열여섯 살에 이르러 완전한 불가지론자가 되었다. 그리고 열일곱 살을 지나는 사람들 가운데 그처럼 단순한 물음을 스스로 던지지 않고 지

---

* 다음 인용은 《G. K. 체스터턴의 정통》(아바서원, 2016), 186-226에서 가져왔습니다.

나가는 사람이 있을지 의심스럽다. 나는 우주적인 신에 대한 막연한 경외심과 기독교의 창시자에 대한 큰 역사적 관심을 품고 있었다. 하지만 나는 그분을 사람으로 간주했던 것이 분명하다. … 나는 우리 시대의 과학 서적과 회의주의 문헌을 읽었다. 적어도 여기저기 널려 있는, 내 눈에 띄는 영어 서적은 모조리 읽었다. 하지만 다른 것은 일체 읽지 않았다. … 기독교 변증에 관한 글은 단 한 줄도 읽은 적이 없었다. 지금도 가능하면 적게 읽는다."

"나를 정통 신학으로 되돌아가게 해 준 것은 헉슬리와 허버트 스펜서와 찰스 브래들로와 같은 인물들이었다. 그들은 내 마음속에 의심에 대한 최초의 의심을 심어 주었다. … 그들은 내 마음을 끔찍하게 동요시켰다. 이성주의자는 나로 하여금 이성이 도대체 무슨 쓸모가 있는지 의심하게 만들었다. 내가 허버트 스펜서를 다 읽었을 때는 (처음으로) 진화라는 것이 과연 일어나기나 했는지 의심할 정도로 멀리 나갔다. 내가 로버트 잉거솔의 무신론 강좌 시리즈를 다 읽었을 때는 무서운 생각이 내 머리를 스치고 지나갔다. '그대는 나에게 그리스도인이 되라고 설득하다시피 했도다.' 나는 절박한 상태에 빠졌다."

"내가 헉슬리에서 브래들로에 이르는 비기독교인 내지는 반기독교인의 신앙에 대한 설명을 읽고 또 읽었을 때, 내 마음속에 두려운 인상이 점차 생생하게 자라나기 시작했다. 기독교는 아주 비범한 것임에 틀림없다는 인상이었다. (내가 알기로) 기독교는 가장 이글거리는 악덕들을 갖고 있을 뿐 아니라, 서로 일관성이 없어 보이는 악덕들을 묶어 주는 신비한 능력도 갖고 있었기 때문이다. 그것은 사방에서 공격을 당하되 서로 상충되는 이유들 때문에 그런 공격을 받았다. 한 합리주의자가 기독교는 지나치게 동쪽으로 나갔다고 증명하자마자, 다른 합리주의자가 나서서 그것은 지나치게 서쪽으로 나갔다고 그에 못지않은 명료한 이유를 들어 입증했다. 기독교의 공격적이고 모난 사각 모양에 대한 나의 분노가 가라앉자마자, 나는 또다시 그 나약하고 관능적인 원형 모양을 주목하고 그것을 비난하도록 부추김을 받았다."

"이를테면, 나는 기독교를 비인간적인 비관론이라고 공격하는 유창한 소리에 큰 감동을 받았다. 당시에 나는 순수한 비관주의를 용서받지 못할 죄라고 생각했기 때문이다(실은 지금도 그렇게 생각한다). 위선적인 비관주의는 오히려 호감이 가는 사회적인 성취물이다. 그리고 다행스러운 사실은 거의 모든 비관주의가 위선적이라는 점이다. 그런데 이 사람들의 말대로 만일 기독교가 순전히 비관적이고 생명에 거슬리는 것이라면, 나는 성 베드로 성당을 폭파시킬 준비가 되어 있다.

그러나 놀라운 점은 바로 이것이다. 그들이 1장에서는 기독교가 너무 비관적이라고 내게 (완전히 만족스러울 정도로) 확실히 증명해 주었다. 그런데 이어서 2장에서는 기독교가 너무나 낙관적이라고 내게 증명해 주기 시작했다. 기독교를 비난하는 전자의 입장은 그것이 병적인 눈물과 위협으로 사람들로 하여금 자연의 품에서 기쁨과 자유를 추구하지 못하도록 막는다는 것이었다. 반면에 후자의 입장은 기독교가 허구적인 섭리를 들어 사람들을 위로하고 그들을 즐거운 보육원에 둔다는 것이었다."

"한 위대한 불가지론자는 왜 자연은 충분히 아름답지 않은가, 그리고 왜 그것은 자유로워지기 어려운가 하고 물었다. 또 다른 위대한 불가지론자는 기독교적 낙관주의에 대해, 그것은 자연이 꼴사납고 자유롭게 되는 것이 불가능하다는 사실을 우리에게 숨기는, '경건한 손으로 짠 가짜 겉옷'에 불과하다고 비판했다. 한 합리주의자가 기독교를 악몽과 같다고 말하자, 즉시 다른 합리주의자는 그것을 바보의 낙원이라고 부르기 시작했다. 이 점이 나를 어리둥절하게 만들었다. 그런 비난들이 일관성이 없어 보였기 때문이다. 기독교는 하얀 세계를 덮은 까만 가면이기도 하고 까만 세계를 덮은 하얀 가면일 수는 없었다. 그리스도인의 상태는 그토록 편안함을 느끼는 동시에 그 불편함을 그냥 견디는 바보일 수는 없었다."

"만일 기독교가 인간의 시각을 속였다면, 어느 한쪽으로 그것을 속여야 마땅하다. 그러니까 초록색 안경과 장미색 안경을 동시에 낄 수는 없다는 말이다. … 그래서 나는 무언가 잘못되었음이 틀림없다는 생각이 들었다. 아니, 어쩌면 저 사람들이 종교와 행복의 관계를 판단할 수 있는 최고의 심판관이 아닐지도 모르겠다는 생각이 한순간 머리를 스치고 지나갔다. 그들의 이야기로 보건대, 이 양자 중 어느 것도 갖고 있지 않으니까 말이다."

긴 인용이지만, 말하고자 하는 요점은 분명합니다. 체스터턴을 기독교 신앙의 길로 안내한 이들은 거리의 전도단이나 기독교 신학이나 신앙을 변증한 사람들이 아니라, 오히려 합리주의, 불가지론, 무신론, 진화론, 유물론과 같은 반기독교적 모더니즘 사상을 내세운 사람들이었습니다.

유물론이든 유심론이든, 관념론이든 실재론이든, 기술주의든 반기술주의든, 지성주의든 반지성주의든, 그 사상의 귀결을 끝까지 추적할 경우 어느 사상도 근본적인 현실에 대한 기본적 신뢰 없이는 견딜 수 없는 것들임을 체스터턴은 철저하게 체험합니다. 기독교에 대한 비판이 오히려 그에게 기독교 자체를 들여다보게 만들었고 기독교 신앙이야말로 삶에서 사소하게 보이는 것들이 왜 중요한가를 보여 주는 가장 단순하고도 복잡한 체계임을 오히려 이들이 알게 해 주었다는 것이지요.

체스터턴은 기독교 신앙을 통해서 물질인가 정신인가, 창조인가 진화인가, 신인가 세계인가, 비관인가 낙관인가, 이성인가 상상력인가, 전통인가 혁신인가, 보수인가 진보인가, 이 가운데 어느 하나(either-or)를 선택함이 옳은 것이 아니라, 오히려 물질과 정신, 창조와 진화, 신과 인간, 비관과 낙관, 이성과 상상력, 전통과 혁신, 진보와 보수를 다 같이 아우름(both-and)이 옳은 태도임을 배웠다고 고백합니다. 상상력과 이야기, 일상과 일상에서 오는 기쁨을 이야기하는 점에서 체스터턴은 모더니즘을 뛰어넘어 포스트모더니즘 쪽으로 나아가지만, 그럼에도 사실은 이것조차도 다시 넘어갔습니다.

체스터턴이 《G. K. 체스터턴의 정통》에서 그리고 있는 인간의 삶은 역설을 안고 있으면서도 신뢰할 수 있는 따뜻한 삶입니다. 삶에는 논리가 있되, 논리로 설명할 수 있는 것보다는 더 많은 것이 있고, 동화의 세계처럼 놀라움으로 가득 차 있으면서도 우리에게는 너무나 익숙한 세계 속에 우리가 살고 있다는 것이지요. 의지와 상관없이 우연과 필연에 따라 일어나는 일이 많지만, 그럼에도 우리는 우리가 잘한 일과 잘못한 일에 대해 비난과 칭찬을 받을 수 있습니다. 왜냐하면 (유물론이나 결정론이 부정하는) 자유 의지가 우리에게 엄연히 있기 때문입니다. 책임을 질 수 있다는 것은 인간 됨의 가장 소중한 표지임을 체스터턴은 강조합니다. 책임을 질 수 없고 비난이나 칭찬이 가능하지 않다면 우리는 누구에게 감사를 표현할 수 없습니다. 만일 우리가 감사할 수 없다면 우리는 결코 행복하지 않습니다. 행복한가 행복하지 않은가를 시험할 수 있는 잣대가 감사이기 때문입니다.

그럼에도 진리 발견을 위해 내면 세계만을 강조하는 것을 체스터턴은 경계합니다. 기독교야말로 내적 빛이나 내면의 침잠에서부터 우리를 밖으로 초월하게 하는 종교이기 때문입니다. 나를 벗어나 타자와 바깥 사물과 관계할 수 있는 일상의 세계, 상식의 세계야말로 우리를 놀라게 하고 우리에게 새로움을 주는 세계입니다. 이 가운데서 누릴 수 있는 기쁨은 참된 신앙에서 비롯될 수 있다고 체스터턴은 보고 있습니다. 그가 본 기독교 신앙은 인간을 가장 인간답게, 현실을 가장 현실답게, 인간의 삶과 세계를 가장 합리적으로 보는 삶의 체계입니다. 신앙을 먼저 지적으로 완전히 수긍하고 난 다음, 마음으로 받아들이고, 그리고 뒤늦게 세례를 받은 체스터턴의 책은 이렇게 끝납니다.

"이방인의 작은 꼬리표였던 기쁨이 지금은 그리스도인의 거대한 비밀이다. 이제 내가 이 혼란스런 책을 덮으면서 기독교의 기원이 된 그 이상한 작은 책을 다시 열어 본다. 그러고는 다시금 일종의 확신에 사로잡힌다. 복음서들을 가득 채우는 그 거대한 인물이 다른 모든 면에서 그렇거니와, 이 면에서도 스스로 크다고 생각했던 모든 사상가들 위에 우뚝 솟

아 있다. 그의 연민은 자연스럽게 그리고 무심결에 표현되다시피 했다. 고대와 현대의 스토아학파는 눈물을 감추는 것을 자랑스러워한다. 그는 결코 눈물을 감추지 않았다. 그는 고향 도시의 앞날을 내다보며 공공연하게 백일하에 눈물을 보였다. 그럼에도 그는 무언가를 감추었다. 장엄한 초인들과 위엄 있는 외교관들은 분노를 억제하는 것을 자랑스러워한다. 그는 결코 분노를 억제하지 않았다. 그는 성전의 앞 계단에 있던 가구를 뒤엎었고, 사람들에게 어떻게 지옥의 저주를 피할 수 있겠느냐고 물었다. 그럼에도 그는 무언가를 억제했다. 나는 지금 경외심을 품고 이 말을 하는 중이다. 모든 것을 압도하는 그 인물 속에는 수줍음이라고 불러야 마땅한 한 가닥의 실이 있었다. 그가 기도하러 산에 올라갔을 때 모든 사람으로부터 감춘 그 무엇이 있었다. 그는 갑자기 침묵하거나 서둘러 고독을 택함으로써 계속해서 은폐한 그 무엇이 있었다. 하나님이 우리의 땅 위를 걷는 동안 너무나 커서 우리에게 보여 줄 수 없었던 것이 하나 있었다. 때로 나는 그것이 그분의 환희(mirth)가 아니었나 하고 상상해 본다."•

기독교는 어떤 '원리', 어떤 보편적이고 추상적인 '진리'를 내세우는 종교가 아닙니다. 그래서 다른 곳에서 체스터턴은

• 앞의 책, 343-44.

이렇게 얘기하지요. "Faith is not a thing like a theory, but a thing like a love-affair"(신앙은 이론과 같은 게 아니다. 오히려 연애 사건과 같은 것이다). 만일 보편적이고 추상적인 진리가 있다면 그것은 오직 그분, 예수 그리스도를 통해서, 그분을 통과해서 드러날 때 비로소 의미를 갖습니다. 달리 이야기하면, 우리가 보편적인 원리, 보편적인 진리라고 얘기할 수 있는 것들이 있다면 그것은 예수 그리스도를 통해서 볼 때, 그때 그 진정한 의미가 드러난다는 것입니다.

우리가 보는 자연 안에 있는 질서, 우리가 보는 사회를 규제하는 여러 규범들과 가치들, 예술적인 창작품이나 정교한 기예를 가능하게 하는 것들에서는 하나님이 이 세상과 우리를 사랑하시는 무한하고 보편적이고, 그러면서도 개별적인 사랑의 표현을 읽을 수 있습니다. 예수 그리스도를 믿는 신앙은 예수 그리스도를 통해서 이런 데까지 미칠 수 있습니다. 그런데 어디까지나 이것은 예수 그분을 통과해서 볼 때 선명하게 그 윤곽과 의미가 드러난다고 체스터턴은 보았습니다.

다시 예수께로 돌아가 봅시다. 예수님은 논리를 무시하셨습니까? 전혀 그렇지 않으셨습니다. 예수님도 근거를 묻고, 현실을 돌아보고, 사태를 파악하며, 경험을 토대로 묻고 생각하고 검토하는 방식으로 생각하셨습니다. 예수께서는 무엇보다도 사람들의 고통을 헤아리며 예민하고 민감하게 현실을 돌아보며 생각하고 행동하셨습니다. 논리를 존중하고 지성을 사용할 때도 예수님은 논리 형식과 지식 내용에만 매달리시지 않고 사람의 고통에 민감하게 반응하셨습니다. 안식일에 대한 논쟁, 성전 뜰에서 일어나는 부당한 상행위, 죽음의 고통에 직면한 인간 현실의 슬픔을 보실 때 예수께서는 민감하게 반응을 보이셨고, 행동을 하셨습니다.

바울은 논리를 무시했는가?

바울의 경우는 어떻습니까? 바울은 로마서 10장에서 구원과 믿음에 관해서 이렇게 말하고 있습니다. "네가 만일 네 입으로 예수를 주로 시인하며 또 하나님께서 그를 죽은 자 가운데서 살리신 것을 네 마음에 믿으면 구원을 받으리라 사람이 마음으로 믿어 의에 이르고 입으로 시인하여 구원에 이르느니라"(롬 10:9-10).

바울은 구원의 조건으로 두 가지를 말하고 있습니다. 첫째, 입으로 예수를 주로 시인하는 것입니다. 공적으로 이것을 확인하는 경우는 세례 문답을 받을 때입니다. 신앙을 외적으로 표현하는 방식이 고백이고, 세례를 받기 전 문답을 통해 성도들의 모임 앞에서 이것을 확인합니다. 둘째, 예수의 부활을 믿는 믿음입니다. 예수의 부활에 대한 믿음은 2천 년 전 예수님이 십자가에 못 박히시고 부활하셨다는 사실을 역사적인 사실로 인정하는 것뿐만 아니라 그분이 돌아가신 것이 우리의 죄 때문이었고, 그분의 돌아가심으로 인해서 우리의 죄도 함께 용서함을 얻었다는 것을 받아들이고 믿는 것과, 그분이 십자가에 못 박히실 때 나도 함께 못 박혔고 그분이 다시 살아나실 때 나도 함께 살아났다는 사실을 믿는 믿음입니다.

로마서 6장에서 바울은 이렇게 말합니다. "무릇 그리스도 예수와 합하여 세례를 받은 우리는 그의 죽으심과 합하여 세례를 받은 줄을 알지 못하느냐 그러므로 우리가 그의 죽으심과 합하여 세례를 받음으로 그와 함께 장사되었나니 이는 아버지의 영광으로 말미암아 그리스도를 죽은 자 가운데서 살리심과 같이 우리로 또한 새 생명 가운데서 행하게 하려 함이라 만일 우리가 그의 죽으심과 같은 모양으로 연합한 자가 되었으면 또한 그의 부활과 같은 모양으로 연합한 자도 되리라 우리가 알거니와 우리의 옛 사람이 예수와 함께 십자가에 못 박힌 것은 죄의 몸이 죽어 다시는 우리가 죄에게 종노릇하지 아니하려 함이니 이는 죽은 자가 죄에서 벗어나 의롭다 하심을 얻었음이라 만일 우리가 그리스도와 함께 죽었으면 또한 그와 함께 살 줄을 믿노니 이는 그리스도께서 죽은 자 가운데서 살아나셨으매 다시 죽지 아니하시고 사망이 다시 그를 주장하지 못할 줄을 앎이로라"(롬 6:3-9).

그리스도인은 예수가 십자가에 못 박히실 때 같이 못 박히고, 다시 살아나실 때 같이 살아난 사람입니다. 죄의 몸은 멸하고 의의 몸으로 살아가는 사람입니다. 죄와 사망이 더 이상 그리스도인을 지배할 수 없습니다. 그래서 바울은 로마의 그리스도인들을 향해서, 그리고 지금 우리를 향해서 이렇게 말합니다. "그가 죽으심은 죄에 대하여 단번에 죽으심이요 그가 살아 계심은 하나님께 대하여 살아 계심이니 이와 같이 너희도 너희 자신을 죄에 대하여는 죽은 자요 그리스도 예수 안에서 하나님께 대하여는 살아 있는 자로 여길지어다"(롬 6:10-11). 삶의 중심이 이제 내가 아니라 죽었다가 살아나신 그리스도입니다.

삶의 변화, 삶의 중심의 변화가 여기서 중요합니다. 구원에 이르는 믿음, 곧 신앙은 삶의 중심에 누가 서느냐 하는 것입니다. '나인가, 그리스도이신가?' 달리 표현하면, 삶의 중심의 변화는 삶의 주체의 변화입니다. '그리스도가 나의 삶의 주체이신가, 내가 주체인가?' 바울은 갈라디아서 2장 20절에서 "내가 그리스도와 함께 십자가에 못 박혔나니 그런즉 이제는 내가 사는 것이 아니요 오직 내 안에 그리스도께서 사시는 것이라"라고 말합니다. 내 안에 사시는 그리스도가 내 삶의 주체시라면 나는 대상이 된다는 말일까요? 저는 아니라고 생각합니다. 그리스도가 나의 삶의 주체시라면 나도 그분과 함께 주체입니다. 왜냐하면 그리스도가 주체가 되신 내 삶은 여전히 나의 삶이기 때문입니다.

그렇다면 나는 누구인가요? 나는, 현대철학의 용어를 빌려 말하자면, '중심에서 벗어난 주체', '탈중심화된 주체'(decentered subject)입니다. 주체는 주체이되, 말하자면 대문자 주체(Subject), 내가 주인이 되는 주체가 아니라 소문자 주체(subject), 종으로, 섬기는 자로, 타인의 짐을 대신 짊어져 주는 주체라고 할 수 있겠습니다. 소문자 주체는 그리스도와 함께 죽고, 그리스도와 함께 살아나, 삶의 원천, 생명의 근원을 나에게 두지 않고 그리스도에게 두고 힘차게 살아가는 사람입니다. 다르게 표현하면, 탈중심화된 주체는 누구보다도 루터(Martin Luther)가 잘 보여 주고 있는 것처럼 그리스도로 인해 자유를 얻은 사람이요, 이렇게 얻은 자유로 인해 또 하나의 그리스도로 이웃의 종이 된 사람입니다.*

그리스도인의 자유는 일차적으로 더 이상 죄의 종노릇하지 않는 데 있습니다. 사망으로부터 벗어나지 않는 한, 그리하여 내가 나의 삶의 주인인 것처럼 사는 한 나에게는 자유

---

* 마르틴 루터, 조계광 옮김, 《그리스도인의 자유》(개혁된실천사, 2024) 참조.

가 없습니다. 자유는 그리스도를 중심에 두고 그 안에 사는 삶으로 얻을 수 있습니다. 그러나 여기서 한 걸음 더 나아가 이웃의 종노릇을 할 때 참된 자유가 드러납니다. 이것이 그리스도와 함께 죽고 함께 살아나는 삶입니다.

로마서 10장으로 돌아가 11절 이하를 보겠습니다. "성경에 이르되 누구든지 그를 믿는 자는 부끄러움을 당하지 아니하리라 하니 유대인이나 헬라인이나 차별이 없음이라 한 분이신 주께서 모든 사람의 주가 되사 그를 부르는 모든 사람에게 부요하시도다 누구든지 주의 이름을 부르는 자는 구원을 받으리라 그런즉 그들이 믿지 아니하는 이를 어찌 부르리요 듣지도 못한 이를 어찌 믿으리요 전파하는 자가 없이 어찌 들으리요 보내심을 받지 아니하였으면 어찌 전파하리요 기록된 바 아름답도다 좋은 소식을 전하는 자들의 발이여 함과 같으니라 그러나 그들이 다 복음을 순종하지 아니하였도다 이사야가 이르되 주여 우리가 전한 것을 누가 믿었나이까 하였으니 그러므로 믿음은 들음에서 나며 들음은 그리스도의 말씀으로 말미암았느니라"(롬 10:11-17).

바울은 구원이 주의 이름을 믿고 부르는 사람이면 헬라인이나 유대인이나 차별 없이 주시는 선물이라는 것과, 주의 이름을 믿고 부르려면 들어야 하고 들으려면 전하는 사람이 있어야 한다는 사실을 말하고 있습니다. 고린도전서 1장에서는 '전도의 미련함'을 말하고 있습니다. 스스로 생각하는 것만으로 복음의 믿음에 이르지 못한다는 의미입니다. 복음을 들고 전하는 사람이 있어야 하고, 그것을 들어야 믿음이 생긴다는 것입니다. 우리가 주목하고자 하는 것은 끝부분에 나온 구절입니다. "믿음은 들음에서 나며 들음은 그리스도의 말씀으로 말미암았느니라"(롬 10:17).

이제 정리해 보지요. 구원, 곧 죄와 죽음으로부터의 해방, 그리하여 새사람으로 자유 가운데 살 수 있는 삶은 우리를 위해 대신 죽으셨을 뿐 아니라 다시 살아나신 예수 그리스도를 믿는 믿음에서 나온다는 것입니다. 중요한 것은 예수 그리스도의 죽음과 부활을 믿는 믿음뿐만 아니라 우리가 그리스도를 주로 고백하고 세례를 받을 때 우리는 그분과 함께 죽고 그분과 함께 살아난다는 것입니다. 그리하여 이제는 내가 아니라 그리스도가 나의 삶의 중심이시고 나의 삶의 주인이시라는 것입니다. 나는 그분의 힘과 지혜로 살아가는 자입니다. 적어도 원칙적으로는 그렇습니다. 구원은 지금, 여기에 현재적으로 임합니다.

그런데 믿음은 어디서 오는 것입니까? 그리스도의 말씀을 듣는 데서 온다는 것이 바울의 답입니다. 그렇다면 우리는 어디서 말씀을 들을 수 있나요? 사도들은 직접 예수의 말씀을 들을 수 있었습니다. 그러나 바울이 편지를 써 보낸 로마인들과 지금 여기 있는 우리는 직접 그리스도의 말씀을 들을 수 없습니다. 그러면 그것이 지금은 불가능합니까?

　로마인들의 상황이나 우리의 상황은 마찬가지입니다. 그리스도가 직접 몸으로 여기 계시지 않기 때문입니다. 그러나 그들은 베드로나 바울에게서, 그리고 그들에게서 듣고 배우고 신앙을 얻은 사람들에게서 직접 듣고 배울 수 있었습니다. 목격자들의 증언을 들었습니다. 그리고 바울이 이렇게 편지로 써 보낸 것을 읽을 수 있었습니다. 생각해 보면 우리도 그렇게 멀리 떨어져 있지 않습니다. 우리도 직접 예수님을 보았고 목격했고 들었던 사람들, 그리고 그들에게서 배웠던 사람들의 증언을 가지고 있습니다. 그것이 복음서와 서신들로 기록되었습니다. 이렇게 기록된 성경을 우리는 오늘 가지고 있을 뿐 아니라 지금도 성령님을 통해서 이 말씀을 읽고 들을 때 예수 그리스도를 주로 고백할 수 있는 신앙이 우리에게 생기는 것을 체험합니다.

믿음은 들음에서 나온다

제가 여러분에게 관심을 갖게 하고자 하는 구절은 "믿음은 들음에서 나온다"입니다. 무엇을 듣습니까? 예수의 삶과 가르침, 그분의 죽으심과 부활하심, 오늘도 성령 가운데서 우리 가운데 와 계심 등을 우리는 말씀을 통해서 듣고 읽습니다. 우리는 읽는 것을 통해 듣고, 설교를 통해 들음으로 다시 읽게 됩니다. 그러므로 우리의 상황에서는 "믿음은 들음에서 나온다"는 것을 듣고 읽고, 읽고 듣는 두 활동으로 볼 수 있습니다.

생각해 보십시오. 우리가 듣는 복음의 핵심이 무엇입니까? 예수님은 부활하시고 승천하신 뒤 성령님의 오심을 예언하셨습니다. 승천하신 뒤 곧 성령님이 예루살렘에 임하셨습니다. 기도하면서 성령님의 오심을 기다리던 제자들이 성령 충만을 받고는 무엇을 했습니까? 가장 먼저 한 일이 각 나라 말로 전하는 것이었습니다. 무엇을 전했습니까?

베드로가 입을 열어 말한 내용을 보십시오. 베드로는 먼저 그들이 성령으로 충만한 것은 낮술에 취한 것이 아니라 선지자 요엘의 예언이 성취된 것임을 성경을 인용해서 말합니다. 이때가 곧 주의 이름을 부르는 자에게는 구원의 날이 될 것임을 주장한 것이 메시지의 첫 번째 내용입니다. 오순절 성령 사건이 곧 종말론적 구원의 때임을 역설한 것이지요(행 2:14-21). 두 번째 메시지는 예수 그리스도의 권능과 표적, 십자가에 못 박혀 죽으시고 부활하시고 성령을 부어 주신 사건에 대한 증언입니다(행 2:22-35). 세 번째 메시지는 십자가에 못 박히신 나사렛 예수를 하나님이 주와 그리스도가 되게 하셨다는 사실입니다(행 2:36).

베드로의 메시지에 대한 반응으로, 사람들이 마음에 찔려 "형제들아 우리가 어찌할꼬"(행 2:37)라고 질문을 하게 되고, 베드로는 "너희가 회개하여 각각 예수 그리스도의 이름으로 세례를 받고 죄 사함을 받으라 그리하면 성령의 선물을 받으리니 이 약속은 너희와 너희 자녀와 모든 먼 데 사람 곧 주 우리 하나님이 얼마든지 부르시는 자들에게 하신 것이라"(행 2:38-39)라고 답했습니다. 그날 세례를 받은 사람의 수를 성경은 '삼천'이라고 기록하고 있습니다(행 2:41).

분명한 것은 예수가 '주와 그리스도'시라는 증언입니다. 성전에서 나면서 못 걷게 된 사람을 치료할 때 베드로는 그를 향해 "은과 금은 내게 없거니와 내게 있는 이것을 네게 주노니 나사렛 예수 그리스도의 이름으로 일어나 걸으라"(행 3:6)라고 말했습니다. 나사렛 예수가 곧 그리스도시란 말입니다. 베드로는 예수의 이름으로 걷지 못 하는 사람을 걷게 했고, 예수의 이름으로 세례를 받아 죄 사함의 구원을 얻으라고 전했습니다.

십자가 사건 이전, 이미 가이사랴 빌립보에서 베드로는 예수에 대해서 '그리스도'라는 고백을 했습니다. 이제 베드로는 예루살렘 사람들이 십자가에 못 박은 나사렛 예수가 살아나셨고, 그분이 주와 그리스도가 되신다고 담대하게 고백하고 있습니다. 이것이 예수의 제자들의 나사렛 예수에 대한 증언의 핵심입니다. 나사렛 예수가 곧 그리스도요 주가 되신다는 것입니다.

사도행전 4장을 보면 좀 더 강한 증언이 있습니다. "너희와 모든 이스라엘 백성들은 알라 너희가 십자가에 못 박고 하나님이 죽은 자 가운데서 살리신 나사렛 예수 그리스도의 이름으로 이 사람이 건강하게 되어 너희 앞에 섰느니라 이 예수는 너희 건축자들의 버린 돌로서 집 모퉁이의 머릿돌이 되었느니라 다른 이로써는 구원을 받을 수 없나니 천하 사람 중에 구원을 받을 만한 다른 이름을 우리에게 주신 일이 없음이라"(행 4:10-12). 베드로는 오직 예수만이 그리스도시고 예수를 통해서만 구원받을 수 있다는 사실을 전했습니다.

생각해 보십시오. "예수는 그리스도시다", "예수는 주시다"라는 말을 듣고, 그 가운데 많은 사람이 회개하고 세례를 받았습니다. '회개한다'는 것은 앞서 언급했듯이 생각을 바꾸는 것을 말합니다. 그리하여 삶의 지향, 삶의 방향, 삶의 중심을 바꾸겠다고 결심을 하는 것입니다. 지금까지 삶의 중심이 나였든, 전통이었든, 나의 가정이나 직장이었든, 어떤 것이었든 그것을 포기하고 오직 예수를 나의 주, 나의 하나님으로 모시고 살겠다는 결심과 변화를 일컬어 '메타노이아'(metanoia), '회개', '생각의 바꿈'이라고 하는 것입니다.

생각의 변화, 생각의 바꿈이 가능하려면 지금 무엇이 일어나는지를 알아야 합니다. 알지 않고서 회개할 수 없습니다. 내가 지금 어디에 있고, 내가 누구이며, 내가 지금까지 무엇을 위해 살아왔는지, 나의 삶의 중심이 무엇인지 알지 못하고서야 회개라는 것이 있을 수가 없습니다. 그런데 이것이 어디에서 가능하다고 바울은 말합니까? 들음에서 나온다고 말합니다. 바울은 누가 전하지 아니하는데 어떻게 듣고, 듣지 않고서야 어떻게 예수를 주라고 부르겠냐고 로마서 10장에서 말하고 있습니다. 듣는다는 것이 무엇인지는 자세히 설명하지 않습니다. 그것은 우리의 몫입니다.

그렇다면 한번 생각을 해 봅시다. 듣는다는 것이 무엇입니까? 듣는다는 것이 가능한 이유는 하나님이 우리에게 들을 수 있는 능력, 들을 수 있는 기관을 주셨기 때문입니다. 만일 우리에게 눈이나 코나 입은 있는데 귀가 없다고 해 보십시오. 우리는 들을 수 없습니다. 귀가 있다고 해도 고막에 이상이 있다면 들을 수 없습니다. 들을 수 있으려면 이처럼 우리의 생리적 조건이 갖추어져 있어야 하고 소리가 통과될 수 있는 물리적, 자연적 조건이 충족되어야 합니다. 무엇을 읽는 것도 마찬가지입니다. 눈이 있어야 하고, 시신경이 살아 있어야 하고, 시신경을 통해서 들어온 정보를 뇌가 '읽어 낼' 수 있어야 합니다. 듣는 것도 청각 신경이 살아 있어 그 것이 뇌로 전달될 때 읽힐 수 있어야 합니다. 이 과정이 어떻 게 일어나는가 하는 것은 생리학자, 신경생리학자, 의학자, 뇌과학자들이 다룰 수 있는 영역입니다. 일단 이것을 전제하 고 생각해 봅시다.

우리가 듣는 것들은, 들리는 무엇이 있어야 합니다. 보는 것도 마찬가지입니다. 우리는 우리 배에서 나는 소리나 심장 의 박동 소리를 가끔 듣습니다만, 이것조차도 내가 스스로 만 들어 낸 것이 아니라 내 바깥에 실재하는 것들입니다. 우리 는 내 바깥에서 들려오는 소리를 듣습니다. 아마 환청과 실 제로 듣는 것 사이의 차이는 그것이 실제로 바깥에서 들려오 는 것이냐, 아니냐 하는 데 있을 것입니다. 물론 우리의 청각 능력은 지나치게 큰 소리나 지나치게 작은 소리는 들을 수 없 습니다. 사람의 청력에 따라, 문화나 지역에 따라 약간의 차 이는 있을 수 있으나, 사람에게는 어느 정도 크기의 소리가 바깥에서 날 때 다 같이 들을 수 있는 능력이 있다고 전제해 도 좋을 것입니다.

그런데 같은 소리를 듣는다고 해도 모든 사람이 같이 '알 아듣는 것'은 아닙니다. 무엇을 알아듣기 위해서는 무엇보다 관심(關心), 곧 '마음이 이어져야' 하고, 그것이 무엇인지를 인 지하고 판단할 수 있는 배경지식이 있어야 하고, 좋아해야 합니다. 그렇지 않으면 들리는 것은 무의미한 소리일 뿐 의미가 담긴 목소리로 듣지를 못합니다. 예컨대 재즈를 잘 아는 사람은 재즈 곡을 들을 때 그것이 언제, 누구의 작품인지, 그것이 말하는 주제를 알아들을 수 있습니다.

"아는 만큼 보인다"라는 말은 듣는 데도 그대로 적용됩니다. 아는 만큼 들립니다. 제대로 듣자면 마음이 가야 하고, 좋아해야 하고, 알아야 하고, 더욱더 알고 싶은 의지가 있어야 합니다. 그러면 그럴수록 더 잘 들을 수 있고, 더 잘 들으면 들을수록 더 잘 알게 되고 이해하게 됩니다. 아무것도 모르고 음악회에 가서 앉아 있어 본 사람은 제가 무엇을 이야기하는지 금방 알 것입니다. 자주 듣고, 들으면서 공부하고, 공부하면서 듣고, 즐기면 더욱더 잘 알게 되고, 잘 알게 되면 더 잘 듣게 됩니다.

예수 그리스도의 복음을 듣는 것도 마찬가지입니다. 마치 음악을 듣는 것처럼 세심한 마음이 필요합니다. 여기에는 물론 몇 단계가 개입되어 있습니다. "예수는 그리스도시다", "예수는 주시다"라는 말을 듣는다고 합시다. 가장 일차적 단계는 이 문장을 알아들어야 합니다. 예수가 누구시며, 그리스도가 무슨 뜻이며, 주라고 하는 것이 무슨 말인지 먼저 알아들어야 합니다. 그렇지 않고서는 이 말을 들어 보아야 소 귀에 경 읽기와 같습니다. 말을 배우고 뜻을 아는 능력이 없이는 듣기는 해도 알아들을 수가 없습니다. 이스라엘 사람들은 "예수는 그리스도시다"라는 말을 들었을 때 그 말이 무슨 뜻인지를 알아들었습니다. 그리고 로마 황제를 주, 곧 '큐리오스'(Kyrios)로 삼던 로마 문화권에 사는 사람들은 "예수는 주시다"라고 할 때 그 말이 무슨 의미인지를 알았습니다.

알아들었으면 그다음 단계로 보이는 반응은 무엇입니까? 놀라움 또는 당혹스러움일 것입니다. 아니, 황당함이 차라리 더 좋은 표현일지 모릅니다. "예수는 그리스도시다", "예수는 주시다"라는 말은 이스라엘의 유대적 전통에서 살아온 사람이나 로마 황제 숭배의 문화에 젖어 살아온 사람에게는 보통 당혹할 만한 소식이 아닙니다.

유대 문화의 경우에는 오랫동안 자신들을 해방시켜 줄 그리스도, 곧 메시아를 기다리고 있었습니다. "예수는 그리스도시다"라는 말은 "예수는 곧 메시아시다"라는 말이었습니다. 예수님의 십자가 사건 이전에 많은 사람이 그런 기대를 가졌습니다만, 그 기대는 십자가 처형으로 허물어지고 말았습니다. 그러므로 그 예수가 메시아시라는 '소식'은 그들에게 쉽게 기쁜 소식(good news)으로 수용될 수 있는 것이 아니었으며 깊이 생각해야 될 문제였습니다. 로마 문화권에서는 그 당혹스러움이 더했다고 해야 할 것입니다. 왜냐하면 만일 예수가 주, 곧 큐리오스시라면 황제의 주 됨을 거부해야 하기 때문입니다. 말 한마디에 생사가 달린 일이었습니다.

세 번째 단계가 있습니다. 알아듣는 것이 첫 번째 단계이고, 두 번째 단계가 놀라는 것이라면, 그다음 세 번째 단계로 생각해야 합니다. '과연 예수 그리스도가 메시아시며 주이신가? 무엇을 통해서, 어떤 증거로 그분을 나의 메시아로, 나의 구주로, 나의 주로 받아들여야 하는가?' 이 과정이 지극히 짧을 수도 있고, 한평생 길게 갈 수도 있습니다. 한국대학생선교회(CCC)의 《사영리》로 전도를 받고 그 자리에서 곧장 예수를 영접하는 사람도 있습니다. 반면에 오랫동안 성경을 읽고 복음에 관심을 가져 왔으면서도 한평생 예수를 주로 고백하지 않다가 죽기 직전에야 그렇게 하는 사람들을 가끔 보게 됩니다.

네 번째 단계는 계속 듣거나, 듣기를 거부하거나, 유보하거나, 무관심한 것입니다. 음악이 들려올 때를 예로 들어 봅시다. 집중하여 그 음악을 듣거나, 그 자리를 떠나거나, 음악을 끄거나, 나중에 듣거나, 소리가 나지만 아예 무시할 수 있습니다. 예수와의 관계도 마찬가지입니다. 예수를 주로 수용하거나, 거부하거나, 유보하거나, 전혀 무관심하거나, 네 가지 태도 중 하나로 결정이 가능합니다.

신앙은 예수를 수용하는 것, 곧 영접하는 것, 좀 더 쉬운 말로는 '받아들이는'(receiving) 것입니다. 그 외 세 가지 태도,

거부나 유보나 무관심은 예수를 받아들이지 않는 태도입니다. 여기서 크게 두 길이 나누어집니다. 하나님이 주시는 것을 선물로 알고 감사하게 받아들이는 길과 거부하거나 유보하거나 무관심한 길입니다. 신앙은 이런 의미에서 순수하게 은혜라고 할 수 있습니다. 하나님이 주시는 것을 나는 받아들이기만 하면 됩니다. 이 점에서 나의 적극적인 수용이 필요합니다.

적극적인 수용에는 좋아하는 감정뿐만 아니라 무엇보다 의지가 개입합니다. 예수를 주로 수용한다는 것, 곧 신앙은 그분이 주이심을 깨달아 알고, 그분이 나의 주이심을 다른 사람들과 함께 한목소리로 동의하는 마음으로 고백하고, 그리고 그분께 나의 삶과 죽음, 나의 모든 것을 맡기고 의존하고 의탁하며 그분을 신뢰하는 것입니다. 그래서 개신교 신앙의 밑바탕을 닦은 루터와 칼빈은 다 같이 신앙(fides)에는 세 요소가 있다고 보았습니다. 아는 것 곧 지식(notitia, knowledge)과 인정, 승인 또는 동의(assensus, assent)와 맡김 곧 신뢰(fiducia, trust)가 그것입니다. 기독교 신앙의 핵심은 예수 그리스도가 우리의 주시라는 것을 알고 받아들이고 그분께 삶을 온전히 맡기는 것입니다.

그러므로 신앙(또는 믿음)에는 지성과 이성을 통해 알고 추론하고 결론을 내리는 활동과, 감정을 통해 승인하고 동의하고 좋아하고 받아들임과, 의지를 통해 삶 전체를 온전히 맡기고 신뢰하고 따라 살아가는 삶이 있습니다. 신앙은 우리의 전인격적 행위입니다. 신앙은 단순한 지성의 활동만도, 감정의 활동만도, 또는 의지의 활동만도 아닌, 온 인격이 투여된 전인적인 활동입니다. 그러므로 우리는 지식만을 내세우는 지성주의만, 또는 가슴의 체험과 느낌과 감정만을 강조하는 신비주의만, 의지의 결단을 내세우는 실천주의만 받아들일 수 없습니다.

지성과 신비와 실천, 이 셋 다 신앙의 필수적인 요건입니다. 어느 하나 없이, 어느 하나를 배제하고서 온전한 신앙을 말할 수 없습니다. 온전한 신앙은 오직 예수 그리스도를 믿고 의탁하고자 그분만을 궁극적으로 신뢰하려고 하는 의지, 좋아하는 감정, 그분이 누구신지, 우리에게 무엇을 바라시는지, 그리고 우리가 어떻게 살고 무엇에 중점을 두어야 할지 생각하고 아는 지식을 모두 한결같이 중요하게 받아들입니다. 이 모든 것에는 성령님이 처음부터 끝까지 개입하시고 이끄십니다. 모든 것이 우리의 활동인 듯하지만 어느 하나도 성령 하나님이 이끄시지 않는 일은 없습니다.

신앙에는 생각, 사고, 논리, 지식이 배제되지 않는다는 것, 지식이나 생각을 통해서 우리가 신앙을 갖는 것은 아니지만 무엇인지 알지 않고서는, 적어도 말을 알아듣지 못하고서는 신앙에 이를 수 없다는 것은 일단 수용했다고 합시다. 그러면 "신앙이 믿어 순종하는 삶이라면, 순종에 굳이 지성의 활동, 생각하고 알아 가는 과정이 필요한가?", "그냥 믿고 순종할 뿐 생각하고 알려고 할 필요가 있는가?"라는 물음이 뒤따라 올 수 있습니다. "왜 지성이, 왜 생각하고 이해하고 알아 가는 일이 신앙 생활에 필요한가?" 온전한 삶을 살기 위해서라고 우선 답을 해 볼 수 있겠습니다.

관련된 성경을 여러 곳 공부해 볼 수 있겠지만 한 군데만 찾아보겠습니다. 로마서 12장 1-2절입니다. "그러므로 형제들아 내가 하나님의 모든 자비하심으로 너희를 권하노니 너희 몸을 하나님이 기뻐하시는 거룩한 산 제물로 드리라 이는 너희가 드릴 영적 예배니라 너희는 이 세대를 본받지 말고 오직 마음을 새롭게 함으로 변화를 받아 하나님의 선하시고 기뻐하시고 온전하신 뜻이 무엇인지 분별하도록 하라."

로마서는 바울이 로마에 있는 그리스도인들에게 써 보낸 편지입니다. 바울은 로마를 방문한 뒤 스페인으로 가고자 하는 뜻을 밝혔습니다. 이때 바울은 로마에 있는 그리스도인들이 자신이 스페인으로 갈 때 도와주기를 부탁합니다. 이것이 이 편지를 쓴 목적 가운데 하나이지만, 이보다 더 중요한 것은 그들 사이에 있는 분쟁 문제였습니다. 바울이 쓴 편지의 수신자인 로마의 교회는 유대인 출신과 이방인 출신이 함께하는 혼합 교회, 또는 요즘 익숙한 표현으로는 다문화 교회였습니다. 아마도 이방인 출신이 다수를 이룬 반면, 유대인 출신은 소수였을 것입니다. 이들 사이에 율법을 지키는 문제나 제사 음식을 먹는 문제가 있었던 것으로 보입니다. 이들에게 바울은 분쟁을 그치고 서로 연합할 것을 권고합니다.

로마서 1-11장은 구원에 관한 이론적인 부분으로, 12-16장은 윤리 문제를 바울이 다루고 있는 것으로 보는 것이 통상적인 견해입니다. 따라서 로마서 12장 1-2절은 앞부분과 뒷부분을 이어 주는 아주 중요한 구절이라고 할 수 있습니다. 이 두 부분을 바울은 "그러므로"로 연결 짓습니다. 이제 바울은 그리스도를 믿는 믿음을 통해 하나님 아버지께서 성도들을 죄의 권세에서 해방하셨고 성령님을 통해 확정하셨으므로 흔들림이 없다는 것을 분명히 한 다음, 그로부터 귀결되는 성도의 삶이 어떻게 되어야 할 것인지를 쓰기 시작합니다.

12장 1절에서 중요한 것은 우리의 몸, 우리의 삶 전체를 하나님께 살아 있는 제사로 드려야 한다는 것입니다. 이것이 하나님께 드릴 '영적 예배'(λογικὴ λατρεία, 로기케 라트라이아), 곧 하나님께 우리가 드려야 할 '합당한 예배'라고 가르칩니다. 성도의 삶 전체가 하나님을 섬기는 살아 있는 제사, 합당한 예배가 되려면 무엇이 요구됩니까? 바울은 12장부터 이것을 길게 다룹니다. 말하자면, 일종의 행동 목록을 작성하고 그에 따라 살기를 권유합니다. 생각할 것 이상을 생각하지 말라, 믿음의 분량대로 지혜롭게 생각하라, 선을 행하라, 서로 사랑하라, 기도에 힘쓰라, 손 대접하기를 힘쓰라 등 많은 것을 권유합니다. 이것들이 모두 그리스도인으로서, 성도로서 하나님께 드릴 합당한 예배요, 살아 있는 제사입니다.

그런데 이런 제사, 이런 예배가 가능하자면 무엇보다 하나님의 뜻, 하나님이 무엇을 원하시는지를 분별할 수 있어야 한다고 바울은 말합니다. 하나님의 뜻, 하나님이 원하시는 것을 분별하자면 우리의 '마음'이 새롭게 바뀌어져야 합니다. 여기서 '마음'이란 단어에 주목하십시오. 헬라어 "메타모르푸스테 테 아나카이노세이 투 누스 에이스 토 도키마제인 휘마스 티 토 텔레마 투 테우"(μεταμορφοῦσθε τῇ ἀνακαινώσει τοῦ νοός εἰς τὸ δοκιμάζειν ὑμᾶς τί τό θέλημα τοῦ θεοῦ)를 보십시오. 이 문장을 그대로 번역하면 "하나님의 뜻을 헤아리기 위해서 누스[곧 지성]를 새롭게 하여 모습을 바꾸라"라고 할 수 있습니다. 하나님의 뜻, 하나님이 성도들에게 원하시는 것이 무엇인지 살피고 확인하고 확증하기 위해서 우리에게 변화가 있어야 하는데, 그것이 다름 아니라 '누스'를 바꾸는 것을 통해서 가능하다고 말합니다. 여기서 '지성'을 가리키는 말 '누스'는 그리스 사람들이 즐겨 쓰는 단어입니다. 생각하는 능력, 인식 능력을 말합니다.

그런데 어떻게 해야 지성이 바뀌는 것인가요? 로마서 12장 이하의 구체적인 목록으로부터 우리가 추론할 수 있는 것은 나 중심에서 하나님 중심으로, 이웃 중심으로 생각이 바뀌는 것입니다. 나를 중심에 놓고 모든 것을 나의 이익과 나의 계획과 나의 목적을 위해 사는 사고방식을 하나님 중심으로, 이웃 중심으로 바꾸어야 한다는 것입니다. 우리는 이 일을 할 수 없습니다. 성령 하나님이 우리를 바꾸셔야 하는 것이지요.

회개는 앞에서도 말했듯이 '메타노이아'(생각의 바꿈)입니다. 바울은 이 말을 약간 바꾸어 표현합니다. "메타모르푸스테 테 아나카이노세이 투 누스"(μεταμορφοῦσθε τῇ ἀνακαινώσει τοῦ νοός). 생각이 바뀌고, 사고방식이 바뀌고, 삶의 근본적인 지향의 틀이 바뀌어야 한다는 것입니다. 예수는 믿되, 여전히 나의 유익을 구하고 나 자신의 삶에만 집착하면 결과적으로 이런 변화가 없다고 봐야 할 것입니다. 변화의 가능성은 이미 주어졌지만 실제 변화를 촉발하지 못하고 여전히 옛사람의 사고와 삶의 지향을 가지고 살아가는 셈입니다.

바울은 뭐라고 말합니까? "이 세대를 본받지 말고"(롬 12:2).
영어로는 "Do not conform any longer to the pattern of
this world"(NIV)라고 바울은 말합니다. 헬라어 성경을 보면
더 분명합니다. "메 수스케마티제스테 토 아이오니 투토"(μη
συσχηματίξεσθε τω αἰῶνι τούτω), "이 세상과 같은 모양[같은
꼴]을 하지 말고"라는 뜻입니다. 여기서 세상과 같은 꼴, 같은
모양을 하지 말라는 말은 같은 헤어 스타일을 하거나 같은 옷
을 입거나 하지 말라는 뜻은 분명히 아닙니다. 같은 사고방식,
같은 세계관, 같은 삶의 방식으로 살지 말라는 의미입니다.

그러면 다시 물어볼 수 있습니다. 세상의 사고, 세상 사람
들의 생각하는 방식이 무엇입니까? 그리스도인이 가져야 할
사고방식, 세계관, 가치관, 삶의 방식은 무엇입니까? 빌립보
성도들에게 보낸 편지에서 바울은 이렇게 말합니다. "그러므
로 그리스도 안에 무슨 권면이나 사랑의 무슨 위로나 성령
의 무슨 교제나 긍휼이나 자비가 있거든 마음을 같이하여 같
은 사랑을 가지고 뜻을 합하며 한마음을 품어 아무 일에든
지 다툼이나 허영으로 하지 말고 오직 겸손한 마음으로 각
각 자기보다 남을 낮게 여기고 각각 자기 일을 돌볼뿐더러
또한 각각 다른 사람들의 일을 돌보아 나의 기쁨을 충만하
게 하라"(빌 2:1-4).

바울은 한마음을 품어 겸손한 마음으로 각각 자기보다 남

을 낮게 여기고 자기 일을 돌아보되 다른 사람들의 일을 돌아보라고 권고합니다. 여기서 '마음'은 생각을 말합니다. 바울은 같은 생각을 품으라고 합니다. 이어지는 5절 "너희 안에 이 마음을 품으라 곧 그리스도 예수의 마음이니"에서 '마음'도 생각을 두고 한 말입니다. 예수의 생각, 예수의 사고, 예수의 삶의 근본 태도가 우리에게 있도록 하라는 것입니다.

"그는 근본 하나님의 본체시나 하나님과 동등 됨을 취할 것으로 여기지 아니하시고 오히려 자기를 비워 종의 형체를 가지사 사람들과 같이 되셨고 사람의 모양으로 나타나사 자기를 낮추시고 죽기까지 복종하셨으니 곧 십자가에 죽으심이라"(빌 2:6-8). 예수님의 근본 태도, 사고방식은 겸손인데, 예수님의 겸손은 다시 자기를 비우시고 낮추시고 심지어는 죽기까지 자신을 희생하여 내어 주신 것으로 실천되었습니다.

다음으로 말씀드리고 싶은 것은 자기를 비우시고 낮아지신 예수님이 세상에 대해서, 그분이 만나는 사람들에 대해서 어떤 마음, 어떤 생각을 드러내셨는가 하는 부분입니다. 예수님은 단순히 논리적으로 판단하는 일만을 하지 않으셨습니다. 이것은 예수님의 지성, 예수님의 생각에서는 작은 한 부분이었습니다. 예수님께 나타나는 특징적인 마음은 고통 많은 이 세상에 대해 불쌍히 여기시는 마음(compassion), 같이 아파하시는 마음입니다.

"주께서 과부를 보시고 불쌍히 여기사 울지 말라 하시고"(눅 7:13).

"예수께서 나오사 큰 무리를 보시고 불쌍히 여기사 그중에 있는 병자를 고쳐 주시니라"(마 14:14).

"예수께서 나오사 큰 무리를 보시고 그 목자 없는 양 같음으로 인하여 불쌍히 여기사 이에 여러 가지로 가르치시더라"(막 6:34).

"예수께서 그가 우는 것과 또 함께 온 유대인들이 우는 것을 보시고 심령에 비통히 여기시고 불쌍히 여기사"(요 11:33).

"예수께서 불쌍히 여기사 그들의 눈을 만지시니 곧 보게 되어 그들이 예수를 따르니라"(마 20:34).

"예수께서 불쌍히 여기사 손을 내밀어 그에게 대시며 이르시되 내가 원하노니 깨끗함을 받으라 하시니"(막 1:41).

예수님의 생각하시는 방식, 긍휼히 여기시고 불쌍히 여기시는 구체적인 모습이 선한 사마리아인의 비유로 드러납니다. 이 비유는 윤리적 행위가 가능하기 위해서 있어야 할 핵심적인 조건들, 곧 (1) 사건에 관한 지각과 지식, (2) 응답의 감수성, (3) 그에 따른 행동과 (4) 모든 결과에 대한 배려를 보여 줍니다. 사마리아인은 강도를 만나 쓰러져 있는 사람을 보았을 때 그 상황을 지각하고 파악했으며, 그에게 다가가서 필요한 조치를 취했을 뿐 아니라, 돌보아 주었습니다. 강도 만난 사람을 보고도 지나간 제사장과 레위인과는 다른 태도였습니다.

선한 사마리아인의 행동에서 우리는 두 가지를 목도할 수 있습니다. 하나는 공통적인 어떤 것이며, 다른 것은 그냥 지나쳐 간 제사장과 레위인과는 다른 측면입니다. 이들은 모두 강도 만난 사람을 보았습니다. 그리고 어떤 상황이 일어났는지 알았습니다. 이 측면에서 그들 모두는 동일합니다. 하지만 본 것에 대한 그들의 반응은 달랐습니다. 사마리아인은 피해자를 보고 그에게 다가가서(προσελθών, 프로스엘톤) 그 상황에 적합한 행동을 취했습니다. 그러나 다른 두 사람은 반대 방향으로 피해서 지나갔습니다(ἀντιπαρῆλθεν, 안티파르엘텐, 눅 10:31-32)..

무엇이 이들을 이토록 다르게 행동하도록 만들었을까요? 두 부류의 사람들은 근본적인 사고, 아니 사고를 추동하는 근본적인 삶의 태도가 달랐습니다. 사마리아인은 피해자에 대해 아픈 마음을 가졌습니다. 사마리아인은 강도 만난 사람을 "보고 마음이 아팠다"(ἰδὼν ἐσπλαγχνίσθη, 이돈 에스플랑크니스테)고 성경은 표현합니다(눅 10:33). 에마뉘엘 레비나스는 "윤리는 보는 것"(l'éthique est optique)이라고 말합니다. [*]

---

[*] 레비나스 철학에서 윤리의 문제는 강영안, 《타인의 얼굴》(문학과지성사, 2005) 참조.

사마리아인은 피해자를 '보고' '불쌍히 여기는 마음', '공감하는 마음'을 가졌습니다. 그래서 피해자가 있는 방향으로 걸어가서 그를 보살펴 주었습니다. 피해자는 사마리아인에게 타인이었습니다. 사마리아인은 그가 누군지 몰랐습니다. 사마리아인은 그저 인종과 피부색과 언어와 문화 너머에서 오는 타자의 부름에 응답했을 뿐이었습니다. 사마리아인은 그를 환대했습니다. 이 환대 또는 책임은 사마리아인을 '선하게' 만들었습니다. 보고 공감하고 행동하는 것, 여기에 윤리가 있습니다.

사마리아인을 움직인 동기가 무엇인지 우리는 정확하게 알지 못하지만 추측은 해 볼 수 있습니다. 그의 성품이 남을 돕는 방식으로 형성되고 양육받아 마치 제2의 본성이 되었을 수 있습니다. 제대로 빚어진 성품으로 인해 그의 덕스러운 행위가 발생했다고 할 수 있는 여지가 있습니다. 또는 그가 나고 자란 사마리아의 문화 때문일 수도 있습니다. 손님을 대접하고 어려운 사람을 환대하는 문화가 사마리아인을 그런 방식으로 행동하게 만들었다고 말할 수 있습니다. 또는 율법에 대한 이해를 사마리아인이 가지고 있었기 때문이라고 말할 수 있습니다. 이웃 사랑의 계명을 알았고 "남이 나에게 해 주기를 원하는 대로 너도 남에게 해 주어라"라는 '황금률'을 알고 있었을 수 있습니다. 아니면 이 모든 것이 함께 영향을 주었을 수도 있습니다.

동기가 무엇이었든 간에 비유에서 우리가 읽을 수 있는 행동의 원천은 사마리아인이 고통받는 사람의 아픔에 공감하고 그에게 적절한 행동을 했다는 것입니다. 여기에는 창의적 사고에서 본 것처럼 '상황과 문제에 대한 감수성'과 공통감과 관련해서 보았던 '남의 자리에서 생각해 볼 수 있는 능력', 곧 '타인의 고통에 대한 감수성'이 있었습니다. 이 감수성을 가지고 사마리아인은 이렇게 생각할 수 있었습니다. '만일 저 사람이 나라고 생각해 보자. 그렇다면 나는 무엇을 원할 것인가? 나는 다른 사람이 나를 도와주기를 바랄 것이다. 그렇다면 지금 나는 무엇을 해야 하는가? 나는 당연히 손을 뻗어 피해를 입은 사람을 도와야 한다.' 여기에 논리적 추론이 개입됩니다.

예수께서 가르치신 황금률이 우리의 도덕적, 윤리적 상황에 얼마나 창의적으로 적용될 수 있는지 여기서 잠시 언급해 두는 것이 좋겠습니다. 신약성경에는 예수님이 황금률을 언급하신 곳이 두 곳 있습니다. 한 곳은 마태복음 7장 12절 '산상설교'라고 불리는 부분에 나옵니다. "무엇이든지 남에게 대접을 받고자 하는 대로 너희도 남을 대접하라 이것이 율법이요 선지자니라." 두 번째는 누가복음 6장 31절에 나옵니다. "남에게 대접을 받고자 하는 대로 너희도 남을 대접하라." 두 곳에 서술된 내용은 동일합니다. 그러나 문맥을 통해서 보면 누가복음에 나오는 구절은 매우 급진적인 해석이 가능합니다.

황금률이 속한 맥락은 "그러나"(alla, 27절)로 시작합니다. 이는 앞 절에서 비난받은 삶의 방식과는 크게 대비됩니다. "그러나 내가 내 말을 듣고 있는 너희에게 이르노니, 너희의 원수를 사랑하라, 너희를 미워하는 이들에게 선을 행하라, 너희를 헐뜯는 자들을 축복하라, 너희를 학대하는 이들을 위해 기도하라"(27-28절, 사역). 이것은 '역설'입니다. 이른바 '상호성'(reciprocity)의 규칙이라 불리는 것과는 매우 다른 면을 보여 줍니다.

상호성은 기본적으로 주고받음의 규칙이요, 대차 대조를 따지는 일종의 부기(簿記) 방식입니다. 여기서는 양쪽의 균형이 항상 중요합니다. 사람들 사이에서 벌어지는 실질적인 거래 방식은 대부분 이와 같은 상호성의 규칙에 의해 이루어집니다.

황금률은 단지 상호성의 규칙을 지키는 것보다 한 발 더 나아갈 것을 우리에게 요구하시는 예수님의 역설적인 권유 속에 자리 잡고 있습니다. "만약 어떤 사람이 너의 한쪽 뺨을 때린다면, 그에게 다른 쪽 뺨도 내주어라. 만약 어떤 이가 너의 겉옷을 빼앗는다면, 그가 너의 속옷을 가져가는 것도 금하지 말라"(29절, 사역). 이것은 주고받는 행위와는 전혀 다릅니다. 예수는 그분의 제자들("내 말을 듣고 있는 너희"[27절, 표준새번역])에게 그들이 요구받는 것 이상을 내어 줄 것을 요구하십니다. 요구받는 것 이상일 뿐 아니라, 보상에 대한 그 어떤 기대도 하지 말고 내어 주라 말씀하십니다. "너희에게 요구하는 자는 그가 누구든지 내어 주어라, 만약 누구라도 너희에게 속한 것을 취한다면, 돌려 달라고 요구하지 말라"(30절, 사역). 예수는 보상 없는 선물에 대해 얘기하고 계십니다. 돌려받을 기대를 하는 선물은 물론 선물이 아닙니다. 선물이기 위한 조건은 되돌려 받을 가능성이 없어야 한다는 것입니다.

예수님은 이렇게 말씀하십니다. "남들이 너희에게 행하기를 원하는 대로 너희도 남들에게 행하라"(31절, 사역). 두 가지 측면에서 이 말씀은 놀랍다고 하지 않을 수 없습니다. 우선 예수님은 이 말씀을 명령, 그러니까 무조건적인 명령으로 말씀하고 계십니다. 두 번째로, 이 명령은 매우 관습적인 방식으로 서술되어 있습니다. 누구라도 '나는 무슨 말인지 이해한다'고 생각할 것이며, 그 말에 담긴 내용을 쉽게 실천할 수 있다고 생각할 수 있습니다. 예수님은 황금률의 통상적인 의미를 완전히 뒤집으셨습니다.

예수님의 말씀은 표면적으로는 통상적으로 이해되는 황금률일 뿐입니다. 그러나 이 말씀이 등장하는 맥락에서 보면

황금률은 "네 이웃을 너 자신처럼 사랑하라"는 말씀과 같습
니다. 그런데 여기서 한 걸음 더 나아가야 합니다. 예수님이
제자들에게 가르치신 황금률은 "너희의 원수들을 사랑하라"
는 말씀과 같습니다. 바로 다음 구절들은 이러한 종류의 '뒤
집기'를 강화시킵니다. "너희를 사랑하는 사람들을 사랑한다
면, 너희가 무슨 칭찬을 받겠느냐? 죄인들도 자기를 사랑하
는 사람을 사랑한다. 그리고 만약 너희에게 친절을 베푸는
사람들에게 친절을 베푼다면 너희가 무슨 칭찬을 받겠느냐?
죄인들조차 그 정도는 한다. … 그러나 너희는 원수들을 사랑
하고, 그들에게 친절을 베풀며, 아무것도 바라지 말고 빌려
주어라"(32-34절, 사역). 저는 가장 관습적인 이해로부터 가장
심오한 차원으로의 역설적인 변형에 이르기까지 황금률의
상이한 층들을 주목하는 것이 의미 있는 일이라 생각합니다.

이러한 관점에서 보면, 황금률은 공동선을 위한 기초적이
고 단순한 도덕 규칙이 되기에 부적합한 것으로 보입니다.
왜냐하면 예수의 제자가 되지 않고서는, 다시 말해 자연 본성
에 기초해서만은 예수께서 가르치신 황금률을 따라 살 수 없
기 때문입니다. 현상학에서 쓰는 용어를 빌려 표현하면, '내어
줌'(donner; giving)의 가능성과 현실성은 '주어짐'(étant donné;
being given), 곧 '선물로 받음'을 앞서 전제합니다. 삶을 선물
로 받지 않고서는 삶을 내어 줄 수 없습니다. 무엇을 내어 주

기 위해서는, 그것이 생명이든, 시간이든, 재산이든 받은 것이 있어야 합니다. "네모 닷 쿠오드 논 하벳"(Nemo dat quod non habet), 곧 "누구도 [자신이] 가지지 않은 것을 주지는 못한다"라는 라틴어 표현이 함축하듯이 우리는 받지 않으면 가질 수 없고, 가지지 않았다면 내어 줄 수 없습니다. 예수의 제자들은 예수의 은혜와 선물을 받은 자들입니다. 그러므로 예수의 제자들은 그리스도의 충만함 가운데 새로운 생명을 누리는 자들입니다. 황금률을 따라 살 수 있는 조건은 그러므로 예수 그리스도의 충만함 안에서 충만함을 누림입니다. 이와 관련해 저는 그리스도인의 윤리를 '넘침의 윤리'라고 부릅니다.

세 번째로 말씀드리고 싶은 것은 예수님의 사고에서 중심에 있었던 것은 결국 하나님의 나라였다는 것입니다. 그분의 사역, 그분의 가르침은 온통 하나님의 나라, 하나님의 통치에 관심을 둔 것이었습니다. 갈릴리에서 가르치기 시작하셨을 때 제일 먼저 하신 말씀이 "하나님의 나라가 가까이 왔다"는 것이었습니다. 비유 가운데 중요한 부분이 하나님의 나라에 관한 비유입니다.

하나님의 나라, 하나님이 우리의 통치자가 되시고 우리는 하나님의 백성으로 복된 삶을 살아가는 것, 그것을 위해 예수가 오셨고, 가르치셨고, 병자들을 치료하셨고, 십자가의 고난을 받으셨고, 사흘 만에 부활하셨고, 지금도 성령 안에서 우리에게 임재하셔서 우리의 삶을 회복하기 원하십니다. 그렇다면 우리의 생각과 삶의 지향에도 하나님의 나라가 중심이 되어야 할 것입니다. 하나님의 나라는 예수님의 오심과 함께 '이미' 왔고, 앞으로 완전히 이루어질 것이라는 기대를 우리는 가지고 있습니다.

하나님의 나라의 관점을 가지고 살아간다는 것은 좀 더 구체적으로 무엇을 뜻합니까? 나 중심이 아니라 하나님 중심, 이웃 중심에 대해서는 이미 언급했습니다. 이것이 좀 더 구체적으로 어떤 가치로 드러날까요? 다시 바울의 말을 인용해 보겠습니다. "하나님의 나라는 먹는 것과 마시는 것이 아니요 오직 성령 안에 있는 의와 평강과 희락이라"(롬 14:17).

어떤 음식을 먹어도 되는가, 되지 않는가 하는 논쟁을 언급하면서 바울은 이렇게 말하고 있습니다. "하나님의 나라는 의와 평강과 희락이다." 하나님의 나라는 의 곧 정의, 평강 곧 평화, 희락 곧 기쁨에 있다는 말입니다. 이 구절을 볼 때 저는 곧장 마태복음 23장 23절, "화 있을진저 외식하는 서기관들과 바리새인들이여 너희가 박하와 회향과 근채의 십일조는 드리되 율법의 더 중한 바 정의와 긍휼과 믿음은 버렸도다 그러나 이것도 행하고 저것도 버리지 말아야 할지니라"라는 예수님의 말씀을 떠올립니다.

"율법의 더 중한 바 정의와 긍휼과 믿음." 이 가운데 정의가 앞서 있습니다. 하나님의 나라를 이야기할 때 "의와 평강과 희락"에도 의 곧 정의가 맨 먼저 언급되어 있습니다. 그러고는 평화와 기쁨을 이야기하고, 예수님이 율법에서 중요하다고 하신 말씀 가운데는 정의와 더불어 긍휼과 믿음, 곧 신뢰와 신실함이 언급되어 있습니다.

하나님 나라의 가치로 열거된 정의와 평화, 기쁨과 긍휼, 신뢰와 신실(믿음)은 종교와는 무관합니다. 오히려 사람과 사람 사이에 현실로 실현되어야 할 것들입니다. 우리가 무엇을 하든지 기도하면서 골똘히 생각하고 관심을 두어야 할 것은 자비와 신실함이 통용되고, 정의와 평화를 추구하고, 그로 인해 누구나 기쁨을 누릴 수 있는 개인과 사회, 교회와 세상입니다. 하나님 나라의 시작은 바로 이러한 나라, 이러한 공동체의 시작을 예고합니다.

3

세상 속의
그리스도인

하나님의 나라의 백성으로 부름 받은 사람이 그리스도인입니다. 그러므로 그리스도인의 생각, 그리스도인의 사고와 삶을 생각할 때 그리스도인과 세상이 어떤 관계인지, 세상은 그리스도인에게 무엇인지에 대해 끝으로 생각해 보지 않을 수 없습니다. 그리스도인과 세상을 생각해 보기에 가장 좋은 성경 본문은 요한복음 17장 예수님의 기도입니다.

예수님의 기도는 마태복음 6장 9-13절에 나오는 기도, 우리가 흔히 '주기도'(Lord's Prayer)라고 부르는 기도와는 분명히 구별됩니다. 주기도는 예수께서 제자들에게 가르쳐 주신 기도입니다. 요한복음 17장의 긴 기도는 예수님이 아버지께 드리신 기도입니다. 요한복음 13장을 보면, 예수님은 제자들의 발을 씻기시고는 두고 가는 제자들에게 마지막 말씀을 하십니다. 흔히 '고별강화'라 부르는 말씀이 끝난 뒤, 예수님은 하늘을 우러러보시고는 제자들 앞에서 기도를 하십니다. 그런 뒤 예수님의 체포, 심문, 십자가 고난, 부활 이야기가 이어 나옵니다. 예수님이 드리신 기도에는 아버지와 아들의 친밀함이 어떠한지, 아버지께서 주신 사람들에 대한 아들의 사랑이 얼마나 지극한지, 그리고 제자들을 통하여 예수를 알게 될 사람들에 대한 관심이 어떠한지 등이 잘 드러나 있습니다.

세상으로 보냄 받은 그리스도인을 위한 예수님의 기도

예수님이 드리신 기도는 세 부분으로 나누어 볼 수 있습니다. 첫 번째는 예수님 자신을 위한 기도입니다(요 17:1-5). 두 번째는 예수님의 제자들을 위한 기도입니다(요 17:6-19). 세 번째 부분은 제자들을 통하여 예수를 믿게 될 미래의 제자들을 위한 기도입니다(요 17:20-26). 세월은 이미 2천 년이나 지났지만 오늘 우리도 예수님의 기도 가운데 포함되어 있습니다. 그러므로 이 말씀을 통하여 예수님의 제자 됨의 의미, 이 땅에서 교회가 어떤 존재인지를 우리는 배울 수 있습니다.

요한복음 17장 1-5절은 예수님이 자신에 대해서, 자신을 위해서 드리신 기도를 담고 있습니다. 5절을 보면 아들을 영화롭게 해 달라는, 다시 말해 아들이 영광을 받도록 해 달라는 기도가 나옵니다. 1절에는 아들을 영화롭게 하여 아버지를 영화롭게 해 달라는 기도가 기록되어 있습니다. 다시 말해, 아들이 영광을 받는 것을 통해서 아버지께서 영광을 받으시도록 해 달라는 기도입니다. 예수님의 기도는 자신을 위한 기도라기보다는 아버지를 위한 기도라고 해야 하겠습니다. 자신이 영광을 받는 것을 통하여 아버지께서 영광을 받으시도록 해 달라는 것입니다.

예수님의 삶에서나 이 기도에서나 매우 특이한 점은 예수님은 전혀 자기중심적이 아니시라는 사실입니다. 예수님은 십자가의 고난과 죽음을 앞두고 계십니다. 역설적이지만 이것이 예수님이 영광을 받으시고 아버지께서 영광을 받으시는 길입니다. 고난의 순간이 다가오기 직전, 예수님은 아버지를 위해서 아들이 영광을 받도록 해 달라고 기도하십니다. 창세전부터 아버지와 함께 영광을 누리시던 예수께서 이 땅에 사람으로 사신 것에 그치지 않고 십자가를 지고, 고난받고, 죽임을 당하고, 부활하는 전 과정을 통하여 아버지께서 영광을 받으시기를 빌고 계십니다.

두 번째 기도는 남겨 두고 가는 제자들을 위한 기도입니다. 이들은 "세상 중에서 내게 주신 사람들"(요 17:6)입니다. 제자들을 위해서 예수님은 두 가지를 기도하셨습니다. 먼저, 무엇보다 이들을 보호하여 하나 되게 해 달라는 기도입니다. "나는 세상에 더 있지 아니하오나 그들은 세상에 있사옵고 나는 아버지께로 가옵나니 거룩하신 아버지여 내게 주신 아버지의 이름으로 그들을 보전하사 우리와 같이 그들도 하나가 되게 하옵소서"(요 17:11). 아버지와 아들이 하나 된 것처럼, 친밀한 교제와 사랑의 교류가 있는 것처럼 제자들도 하나 되게 해 달라고 예수님은 기도하십니다.

이어서 드리신 기도는 제자들을 거룩하게 해 달라는 기도입니다. "그들을 진리로 거룩하게 하옵소서 아버지의 말씀은 진리니이다 아버지께서 나를 세상에 보내신 것같이 나도 그들을 세상에 보내었고 또 그들을 위하여 내가 나를 거룩하게 하오니 이는 그들도 진리로 거룩함을 얻게 하려 함이니이다(요 17:17-19).

세 번째 기도는 제자들을 통하여 예수를 믿게 될 사람들을 위한 기도입니다. "내가 비옵는 것은 이 사람들만 위함이 아니요 또 그들의 말로 말미암아 나를 믿는 사람들도 위함이니"(요 17:20)라는 말씀으로 예수님은 세 번째 기도를 시작하십니다. 이들을 위하여 예수님은 이렇게 기도하셨습니다. "아버지여, 아버지께서 내 안에, 내가 아버지 안에 있는 것같이 그들도 다 하나가 되어 우리 안에 있게 하사 세상으로 아버지께서 나를 보내신 것을 믿게 하옵소서"(요 17:21).

예수님은 직접 제자들을 위해 기도하신 것처럼 후세에 올 제자들도 하나 되어 아들과 아버지 안에 있게 해 달라고 기도하십니다. 그리하여 세상 사람들이 하나님 아버지를 알고 아들을 알게 되기를 예수님은 원하셨습니다. 왜냐하면 아버지와 아들을 아는 것이 '영생'이기 때문입니다. "영생은 곧 유일하신 참 하나님과 그가 보내신 자 예수 그리스도를 아는 것이니이다"(요 17:3). 영생은 현재의 삶 이후에도 하나님을 믿는 사람들이 누릴 영원한 삶입니다. 그러나 이것이 단지 죽어서 천국에서 누릴 삶일 뿐 아니라 지금, 여기서부터 참 하나님을 알고, 예수 그리스도를 알고, 그리고 이 연장선상에서 예수의 영이신 성령 하나님을 아는 것임을 예수님은 말씀하고 계십니다.

예수님의 기도 가운데서 특별히 주목해 보고자 하는 것은 예수님이 남겨 두고 가시는 제자들과 "그들의 말로 말미암아 나를 믿는 사람들"(요 17:20)과 세상의 관계입니다. 기도 가운데 가장 많이 나오는 단어에 주목해 본 적이 있습니까? 물론 가장 많이 나오는 단어는 '아버지'입니다. 우리말 번역에는 40회나 보입니다. 그다음 두 번째로 많이 쓰인 단어는 '세상'입니다. 15회 나옵니다. 예수님은 두고 가는 제자들, 그들을 통해 형성될 교회를 생각하면서 아버지께 기도하셨습니다. 그런데 왜 '세상'을 '아버지' 다음으로 많이 언급하셨을까요? 세상과 제자, 세상과 제자들의 모임인 교회가 무슨 상관이 있기에 예수님은 세상을 비중 있게 이야기하신 것일까요?

세상은 우리가 살고 있는 곳입니다. 장소 개념으로 보자면 세상은 우리를 포함해서 모든 사람이 사는 삶의 거주처입니다. 세상은 단지 장소에만 그치지 않고 그 가운데 사는 사람들도 포함합니다. 함께 이 땅에 살고 있는 사람들이 모두 세상입니다. 이뿐 아니라 세상은 사람들이 삶을 살아가는 방식입니다. 한 걸음 더 나아가 세상은 사람들이 사는 삶의 내용이기도 합니다. 세상은 이렇게 보면 네 가지로 정리해 볼 수 있습니다. 세상은 (1) 사람들의 거주처이며, (2) 그 안에 사는 사람들이고, (3) 그들이 살아가는 삶의 방식이며, (4) 삶의 내용이라고 말이지요.

이러한 세상을 요한복음은 세 가지 관점에서 바라보고 있습니다.

첫째, 무엇보다 세상은 하나님이 지으신 세계입니다. "참 빛 곧 세상에 와서 각 사람에게 비추는 빛이 있었나니 그가 세상에 계셨으며 세상은 그로 말미암아 지은 바 되었으되"(요 1:9-10)라는 말씀은 세상이 어떤 존재인지를 명확하게 말해 줍니다. 세상은 하나님의 '지은 바' 된 것, 곧 하나님의 창조의 결과로 존재합니다. 그러므로 그 자체로, 그로부터 존재한다고 말할 수 없습니다. 하나님으로부터 비롯되지 않은 것은 있을 수 없습니다. 심지어 사탄조차도 하나님의 창조를 떠나 존재할 수 없습니다.

둘째, 세상은 하나님에 대해, 예수 그리스도에 대해, 그리고 예수를 믿는 사람들에 대해서 대적하는 존재입니다. "내가 아버지의 말씀을 그들에게 주었사오매 세상이 그들을 미워하였사오니 이는 내가 세상에 속하지 아니함같이 그들도 세상에 속하지 아니함으로 인함이니이다"(요 17:14)라는 말씀은 세상이 적대적인 존재임을 보여 줍니다. "세상이 너희를 미워하면 너희보다 먼저 나를 미워한 줄을 알라 너희가 세상에 속하였으면 세상이 자기의 것을 사랑할 것이나 너희는 세상에 속한 자가 아니요 도리어 내가 너희를 세상에서 택하였기 때문에 세상이 너희를 미워하느니라"(요 15:18-19)라는 말씀도 같은 내용을 담고 있습니다. "세상은 그로 말미암아 지은 바 되었으되 세상이 그를 알지 못하였고 자기 땅에 오매 자기 백성이 영접하지 아니하였으나"(요 1:10-11)라는 말씀도 세상이 예수를 알지 못하며, 안다고 할지라도 받아들이지 않음을 말해 줍니다.

그렇기 때문에 심지어 요한은 첫 번째 편지에서 세상을 사랑하지 말라고 권합니다. "이 세상이나 세상에 있는 것들을 사랑하지 말라 누구든지 세상을 사랑하면 아버지의 사랑이 그 안에 있지 아니하니 이는 세상에 있는 모든 것이 육신의 정욕과 안목의 정욕과 이생의 자랑이니 다 아버지께로부터 온 것이 아니요 세상으로부터 온 것이라 이 세상도, 그 정욕도 지나가되 오직 하나님의 뜻을 행하는 자는 영원히 거하느니라"(요일 2:15-17).

셋째, 그런데도 세상은 하나님의 사랑의 대상입니다. "하나님이 세상을 이처럼 사랑하사 독생자를 주셨으니 이는 그를 믿는 자마다 멸망하지 않고 영생을 얻게 하려 하심이라 하나님이 그 아들을 세상에 보내신 것은 세상을 심판하려 하심이 아니요 그로 말미암아 세상이 구원을 받게 하려 하심이라"(요 3:16-17)라는 말씀은 세상이 하나님께 적대적인 세력으로 존재할지라도 여전히 하나님이 사랑하시고 자신의 품속에 안고 싶어 하시는 존재임을 보여 줍니다. 우물가의 여인을 통해 예수님을 만난 사마리아 사람들도 "그가 참으로 세상의 구주신 줄"(요 4:42) 알았다고 말했습니다.

고별강화 끝에 나오는 "이제는 너희가 믿느냐 보라 너희가 다 각각 제 곳으로 흩어지고 나를 혼자 둘 때가 오나니 벌써 왔도다 그러나 내가 혼자 있는 것이 아니라 아버지께서 나와 함께 계시느니라 이것을 너희에게 이르는 것은 너희로 내 안에서 평안을 누리게 하려 함이라 세상에서는 너희가 환난을 당하나 담대하라 내가 세상을 이기었노라"(요 16:31-33)라는 예수님의 말씀은 결국 이 세상의 적대적 힘을 예수께서 꺾으시고 하나님이 원하시는 새로운 창조를 시작하게 되셨음을 보여 줍니다.

예수님은 기도에서 자신의 제자들에 대해서 무엇이라 말

씀하십니까? 무엇보다 먼저 말씀하시는 것은 그들을 아버지께서 '세상 중에서' 아들에게 주셨다는 것입니다. 제자들이 원래 살던 자리는 '세상'이고, 그들이 속했던 사람은 '세상 사람'이었습니다. 그런데 이들을 아버지께서 '세상 가운데서'(ἐκ τοῦ κόσμου; out of the world) 불러내어 예수께 주셨습니다. 예수님은 "그들은 아버지의 것이었는데 내게 주셨으며"(요 17:6)라고 하십니다. 그리스도인은 세상에서 불러내어 부름 받은 사람이 된 존재임을 여기서 알 수 있습니다.

두 번째로 세상과의 관계에 대해서 예수님은 제자들이 '이 세상에'(ἐν τῷ κόσμῳ; in the world) 있다고 하십니다. "나는 세상에 더 있지 아니하오나 그들은 세상에 있사옵고"(요 17:11). 제자들의 삶의 자리는 여전히 세상입니다. 2천 년 전 예수님의 제자들이나 오늘 우리는 모두 세상에 살고 있습니다. 세상이 우리의 삶의 장소입니다. 그러니 세상 사람들과 같이 생각하고, 같은 방식으로 살 가능성이 매우 높습니다.

세 번째로 예수님이 말씀하신 것이 무엇입니까? 제자들이 비록 세상에 살고 있으나 '세상에 속하지 않는다'(οὐκ εἰσὶν ἐκ τοῦ κόσμου; not of the world)는 것입니다. "이는 내가 세상에 속하지 아니함같이 그들도 세상에 속하지 아니함으로 인함이니이다"(요 17:14)라는 말씀 가운데, 제자들이 비록 세상에 살고 있지만 그들의 삶의 기원과 삶의 능력, 삶의 목적과 의미가 세상에서 나오는 것이 아님을 예수께서는 분명하게 말씀하십니다.

네 번째로 예수님은 제자들을 하나 되게 하시며 진리로 거룩하게 해 달라고 기도하시면서 매우 중요한 말씀을 하십니다. "그들을 진리로 거룩하게 하옵소서 아버지의 말씀은 진리니이다 아버지께서 나를 세상에 보내신 것같이 나도 그들을 세상에 보내었고"(요 17:17-18)라는 말씀을 통하여 예수님은 세상에 살지만 세상에 속하지 않는 사람들이 제자라는 사실을 드러내시는 것으로 그치지 않고, 제자들이 보냄 받은 사람임을 드러내십니다. 예수께서 세상으로 보냄 받으셨듯이 제자들도 세상으로(εἰς τὸν κόσμον) 보냄 받았다고 말이지요.

보냄 받음과 관련된 헬라어 동사 '아포스텔로'(ἀποστέλλω)에서 '아포스톨로스', 곧 '사도'라고 번역해 쓰는 말이 나왔음은 우리 모두가 잘 알고 있습니다. 세상으로 보냄 받은 사람이 예수님의 열두 제자에게만 제한될까요? 일차적으로는 그렇다고 해야 하겠지요. 여기서 예수님의 기도 대상은 두고 가시는 제자들이니까요. 그런데 예수님의 기도는 열두 제자뿐만 아니라 그들로 인해 제자가 되는 사람들, 그리고 후대의 모든 제자에게 적용됨을 생각해 보면, 세상으로 보냄 받은 사람은 열두 제자뿐만 아니라 예수를 따르는 모든 제자에게 동일하게 적용될 수 있을 것입니다.

221

이렇게 보면 세상과 제자의 관계는 세 가지로 다시 정리해 볼 수 있습니다. 제자들, 그리고 제자들의 모임인 교회는 세상 가운데서 하나님이 불러내신 사람들입니다. 그리하여 더 이상 세상의 소유물이 아니라 아버지의 소유, 그리스도의 소유가 된 사람들입니다. 그러나 하나님이 세상에서 불러내신 사람들은 여전히 세상에 살고 있습니다. 그러므로 예수님은 이들을 보호하여 아버지와 아들이 하나 된 것처럼 하나 되게 하시며 세상 사람들과는 달리 진리로 거룩하게 해 달라고 기도하셨습니다. 그런데 놀랍게도 이들은 단지 세상에 살 뿐 아니라 세상으로 보냄 받았다고 예수님은 이야기하십니다. 세상 속에 태어났으니 그냥 세상에 사는 것이 아니라, 세상 속에 사는 방식이 마치 아버지께서 아들을 이 땅에 보내신 것처럼 아들을 믿는 이들도 세상으로 보냄 받은 이의 삶을 산다는 것입니다.

요한복음 17장 말씀을 통하여 세상 속에 살고 있는 우리의 존재, 그리스도인의 정체성을 '세상'과 관련해서 네 문장으로 표현할 수 있습니다.

1. 우리는 이 세상에서 부름 받은 사람들이다(We are called out of the world).
2. 우리는 이 세상에 속하지 않는다(We are not of the world).

3. 우리는 그럼에도 여전히 이 세상 속에 살고 있다(We are still in the world).

4. 우리는 이 세상으로 보냄 받았다(We are sent into the world).

문제는 이 세상에 속하지 않으면서, 이 세상에서 여전히 살아갈 수 있는 방법이 무엇인가 하는 것입니다. 저는 '보냄 받은 자'로 사는 것이라 생각합니다. 우리가 이 세상에 살고 있다는 것은 우리에게 주어진 현재의 사실입니다. 이 사실을 아무도 부정하지 않습니다. 그러나 하이데거는 우리의 존재를 다른 방식으로 설명합니다.

하이데거는 우리 인간의 존재 방식을 "세상 안에 사는 존재"(in der Welt sein; being in the world)란 말로 표현했습니다. 이렇게 세상에, 세상 속에 살게 된 계기를 하이데거는 우리가 우리의 선택과는 무관하게 '세상에 던져졌다'(in die Welt geworfen sein; being thrown into the world)는 사실 때문이라고 보았습니다. 이러한 사태를 옛날에는 '피투성'(被投性)이라고 번역해 썼습니다. 우리는 세상에 던져진 존재이기 때문에 왜 우리가 여기 있는지, 무슨 사명을 띠고 태어났는지, 무슨 특별한 이유가

223

나의 존재에 있는지 알 수가 없습니다. 하이데거가 말하고자 한 것은 세상에 던져진 존재로서 우리 자신의 존재는 선택의 여지가 없이, 이 세상에 태어났을 뿐이라는 것이지요.

그런데 우리는 그렇게 던져진 대로, 어쩌면 팽개침을 당해 내쳐진 존재로 그렇게 살아갈 수는 없다는 자각이 중요하다고 하이데거는 생각했습니다. 우리 자신의 존재를 우리가 우리 자신의 것으로 가지기 위해서는 그저 던져진 상태에 매몰되어 있기보다는 우리의 미래를 계획하고 미래의 삶을 손에 거머쥐어야 한다고 하이데거는 생각했습니다.

하이데거의 생각을 조금 더 따라가 보도록 하지요. 우리는 이 세상에 던져진 존재입니다. 아무런 선택 없이 이 땅에 태어났습니다. 나는 지금, 여기에 있습니다. 그런데 여기에 있는 나는 어떤 존재입니까? 현재의 삶을 걱정해야 할 존재입니다. 당장 생존해야 할 뿐만 아니라 주어진 삶의 현실, 삶의 세계, 타인의 존재를 이해하고 함께 살아가야 할 존재이기도 합니다. 이 가운데 나 자신을 잊고 일상의 현실에 매몰되어 남들이 요구하는 대로, 남들을 따라 살아갈 수도 있습니다. 그러나 결국에는 각자 자기의 삶을 살아갈 수밖에 없습니다. 최근 자주 듣는 '각자도생'(各自圖生)이 하이데거가 그리는 일상의 삶입니다. 타인과 함께 살아가기는 하지만 타인의 존재가 나에게 그리 큰 의미가 있는 것은 아닙니다. 나는 나,

너는 너, 각자의 삶을 각자 자기의 삶으로 살아가야 합니다.

이럴 때 문득 우리에게 다가오는 것은 미래에 대한 걱정입니다. 미래를 생각하면 결국 그 끝을 생각하지 않을 수 없습니다. 미래의 끝은 죽음입니다. 인간은 누구나 죽을 수밖에 없고 나도 인간이기 때문에 나 역시 죽을 수밖에 없다는 사실에 누구나 직면합니다. '죽음으로 향해 가는 존재'(Sein zum Tode)라는 자각은 인간이 '세상 속에 던져진 존재'라는 자각과 함께 인간 존재를 규정하는 데 매우 중요한 개념입니다.

그런데 죽음의 사건은 무엇을 뜻합니까? 죽음은 삶의 모든 가능성을 불가능하게 하는 현실입니다. 우리의 능력, 우리의 계획, 우리의 관계를 모두 끝내는 사건입니다. 죽음과 함께 가능한 것은 아무것도 없습니다. 그러므로 죽음은 인간에게 곧 '불가능성'과 같은 사건이라고 하이데거는 보았습니다. 그런데 죽음이 단지 불가능성에 머물지 않는다는 것이 하이데거의 생각입니다. 불가능성 자체가 곧 새로운 가능성을 열어 준다는 것이지요. 이런 의미에서 하이데거는 죽음을 "불가능성의 가능성"이라 불렀습니다. 죽음이라는 불가능성에 내가 맞설 때 불안 자체는 없앨 수 없다 하더라도, 나의 존재, 나의 삶을 기획해 볼 수 있는 가능성이 바로 죽음으로 인해 나에게 열린다는 것이지요.

하이데거는 죽음에 맞서 우리 인간 존재는 세계로 내팽개침을 당하다시피 한 수동성의 자리에서 이제는 능동적으로 미래를 향해 자신의 존재를 '앞으로 던지는 일'(Vor-entwurf)을 시도해 볼 수 있다고 보았습니다. 비록 내가 세상에 아무 의미 없이 '던져졌지만'(geworfen) 나는 죽음에 맞서 나의 삶을 미래를 향해 기획하고 설계(entwerfen)할 수 있다는 것이지요. 이렇게 시도하는 가운데 인간 자유의 본질이 있다고 하이데거는 보았습니다. 이런 의미에서 레비나스는 "죽음은 하이데거에서 자유의 사건"이라고 평가합니다.* 하이데거는 우리에게 나의 존재를 내 손에 넣는 것, 내가 나의 삶의 설계도를 주체적으로 그려 내는 것, 이 가운데서 나의 자유, 나의 삶의 의미와 목적을 찾아볼 수 있다는 것을 이야기하고자 했다고 말할 수 있습니다.

예수님의 기도에 드러난 우리의 삶은 어떠한가요? 예수님도 하이데거와 마찬가지로 우리는 '세상에 사는 존재', '세상 안의 존재'라고 말씀하십니다. 우리는 시간과 공간 속에서 타인과 함께 주어진 여러 자원들을 가지고 살아가는 존재입니다. 성도들도 세상이라는 삶의 장소를 떠나 살 수가 없습니다. 심지어 세상을 떠나 세상과 먼 수도원에 들어갔다고 해도

---

* 에마뉘엘 레비나스, 강영안, 강지하 옮김, 《시간과 타자》(문예출판사, 2024), 90.

그곳에도 여지없이 세상은 찾아옵니다. 세상은 모든 사람이 사는 삶의 거주지입니다. 누구나 세상 속에서 교육도 받고, 가정도 꾸리고, 직장 생활도 하고, 쇼핑도 하고, 여가를 누리기도 합니다. 세상은 비록 죄로 일그러졌으나 여전히 하나님의 창조 세계이며 신자나 불신자나 다 같이 누리는 세계입니다.

그런데 예수님의 가르침과 그분의 기도를 보면 세상에 그분의 제자들이 사는 까닭은 그냥 태어났기 때문에, 생존해야 하기 때문이 아닙니다. 제자들이 세상에 사는 까닭은 (1) 세상에서 불러내어, (2) 하나님의 소유로 삼으시고, (3) 다시 세상으로 보내셨기 때문입니다. 세상에서 불러내심은 세상과 분리하여 내시는 일입니다. 그리하여 아버지의 것, 아들의 것, 그리고 마침내는 성령의 것, 다시 말해 아버지와 아들과 성령 하나님의 소유로 삼으시는 것이 무엇보다 선행합니다. 그리하여 다시 세상으로 보내심을 받음이 이 땅에 사는 제자들의 삶의 방식입니다.

이렇게 보면 이 세상의 존재, 이 세상 안에 현존하는 제자의 삶은 이 세상에 태어났기 때문에, 이 가운데서 성장했기 때문이 아니라 불러냄을 받아, 다시 보냄을 받았기 때문이라 해야 합니다. 그러므로 세상에 사는 제자들의 삶의 방식, 삶의 지향, 무엇보다 사고방식이 세상과 같을 수가 없습니다.

여기에는 떠남과 돌아옴, 분리와 재접촉, 부르심과 보내심이 눈에 두드러지게 보입니다. 그런데 이 세상으로 보내심을 받은 삶은 어디서 생명의 원천을 찾습니까? 부름 받은 제자들이 세상으로 보냄 받아 살 수 있는 힘의 원천이 무엇입니까? 저는 제자들을 위한 예수님의 기도 내용에 이 물음에 답할 근거가 담겨 있다고 믿습니다.

예수님은 두고 가는 제자들을 위하여 두 가지 기도를 드리셨습니다. 요한복음 17장 11절과 17절을 보십시오. "거룩하신 아버지여 내게 주신 아버지의 이름으로 그들을 보전하사 우리와 같이 그들도 하나가 되게 하옵소서." "그들을 진리로 거룩하게 하옵소서." 이 두 가지 기도에 덧붙여 예수님은 (제자들을 통하여 예수를 믿게 될 사람들조차) "내가 아버지 안에 있는 것같이 그들도 다 하나가 되어 우리 안에 있게 하사 세상으로 아버지께서 나를 보내신 것을 믿게 하옵소서"(요 17:21)라고 기도하십니다.

예수께서 반복해서 비시는 기도는 하나 되게 해 달라는 것입니다. "우리와 같이 그들도 하나가 되게 하옵소서"(11절), "아버지께서 내 안에, 내가 아버지 안에 있는 것같이 그들도 다 하나가 되어 우리 안에 있게 하사"(21절), "우리가 하나가 된 것같이 그들도 하나가 되게 하려 함이니이다"(22절), "내가 그들 안에 있고 아버지께서 내 안에 계시어 그들로 온전함을 이루어 하나가 되게 하려 함은…"(23절), "내게 주신 자도 나 있는 곳에 나와 함께 있어…"(24절), "나를 사랑하신 사랑이 그들 안에 있고 나도 그들 안에 있게 하려 함이니이다"(26절).
예수님은 이렇게 반복해서 기도 가운데 '하나 됨'과 '안에 있음'을 언급하십니다.

이러한 반복된 언급은 요한복음 14장에서 볼 수 있듯이 "내가 아버지 안에 거하고 아버지는 내 안에 계신 것"(10절), "내가 아버지 안에, 너희가 내 안에, 내가 너희 안에"(20절) 있다는 말씀과 곧장 연결됩니다. 아버지와 아들이 존재론적으로 하나 되어, 아버지께서 아들 안에, 아들이 아버지 안에 거주하듯이 제자들이 아들과 아버지 안에 거주하여, 그들이 이 가운데 하나 되기를 예수께서 빌고 계십니다. 그렇게 하기 위해서 진리의 말씀으로 제자들을 구별해서 거룩하게 해 주시고, 이 땅에서 예수께서 제자들을 악한 이들로부터 보호해 주셨듯이 아버지께서 주의 영으로 그들을 보호해 달라는 부탁을 드리고 계십니다.

왜냐하면 제자들이 아버지와 아들과 성령 안에 거함이 없이는, 다시 말해 아버지와 아들과 성령이 제자들 안에 거주하심이 없이는 제자들이 세상으로 보냄 받아 살 수 있는 생명과 지혜와 능력을 공급받을 수 없기 때문입니다. 전통적인 용어로 표현하자면 삼위일체 하나님과 '신비적 연합'(unio mystica) 없이는 제자들이 세상에서 보냄 받은 자로 살아갈 수 없습니다.

요한복음에서는 이 관계를 '믿음', '영접' 등 여러 가지로 표현하나 우리가 가장 쉽게 표상할 수 있는 이미지는 아마도 '거주'(indwelling)가 아닐까 싶습니다. 아버지께서 아들 안에 거하시고, 아들이 아버지 안에 거하시며, 제자들(믿는 사람들)이 아들 안에 거하고, 아들이 제자들 안에 거하시면, 제자들도 아들과 함께 아버지 안에 거합니다. 이 비밀, 이 신비는 성령이 가져오시는 현실이며 이것이 안으로, 겉으로 드러나는 현실을 우리는 '사랑'이란 말로밖에 표현할 수 없습니다. 예수님은 고별강화를 시작하실 때 "새 계명을 너희에게 주노니 서로 사랑하라 내가 너희를 사랑한 것같이 너희도 서로 사랑하라 너희가 서로 사랑하면 이로써 모든 사람이 너희가 내 제자인 줄 알리라"(요 13:34-35)라고 말씀하셨습니다.

이 사랑을 어디서 나누며, 어디서 누리며, 어떤 존재와 활동을 통해서 더욱더 공급받을 수 있겠습니까? 금방 떠올릴 수 있는 것은 말씀입니다. 하나님의 말씀은 성부와 성자와 성령 하나님이 우리에게 공급해 주시는 생명의 양식이면서 동시에 삼위 한 분 하나님이 머무시는 곳이기도 합니다. "말씀이 있는 곳에 하나님이 계신다"고 말할 수 있습니다.

두 번째로 생각할 수 있는 것은 성도들과 함께 드리는 기도입니다. 기도는 성령을 통하여 예수의 이름으로 아버지께 올려 드리는 우리의 간청이고 감사이고 찬양입니다. 하나님으로부터 들은 말씀을 기초로 말씀에 대한 반응으로 하나님께 성도들이 기도를 올려 드릴 때 아버지와 아들과 성령 안에 거주하게 되며 삼위이신 하나님도 기도하는 성도들 가운데 거주하십니다.

세 번째로 생각해 볼 수 있는 것은 성도들과 함께 성부와 성자와 성령의 이름으로 나누는 성찬입니다. 성찬을 통해 우리는 예수 그리스도의 살과 피를 나눕니다. 성도들은 이 나눔에 다 같이 참여합니다. 이를 통해 성도들은 삼위 하나님의 삶과 생명과 여기서 우러나오는 은혜에 참여합니다.

이렇게 보면 우리는 진리와 영 가운데 드리는 예배 가운데서 삼위일체 하나님 안에 거하고, 삼위일체 하나님은 우리 가운데 거하신다고 할 수 있겠습니다. 이 땅에서의 일상의 삶은 이 예배의 연장선에서 볼 수 있습니다. 성찬으로 함께 나누는 음식은 일상의 먹고 마심의 토대가 되며, 그로 인해 맺어진 함께 살아가는 이 땅의 모든 생명 있는 것과 연대의 기초가 된다고 하겠습니다.

삼위일체 하나님은 우리 자신보다 더 가까이 우리와 함께 계시고(interior intimo meo) 그로 인하여 우리는 생명과 힘과 지혜를 얻습니다.* 이 가운데 거룩함이 드러난다고 하겠습

---

* 아우구스티누스, 《고백록》, III.6.11.

니다. 거룩함과 이에 수반되는 영광은 하나님의 거주하심으로 변화된 존재의 상태일 뿐 존재 자체의 속성이 아닙니다. 이 땅에, 세상에 살아가는 그리스도인은 하나님 안에 머물 때 세상과 구별되는 거룩함과 영광을 누립니다.

그러면 세상에 보냄 받은 삶을 어떻게 살아야겠습니까? 우리는 세상에서 이런저런 일들, 이런저런 직분을 맡아 살고 있습니다. 어떤 사람은 주부로, 어떤 사람은 상인으로, 어떤 사람은 의사나 변호사로, 어떤 사람은 노동자로, 어떤 사람은 미용사로, 어떤 사람은 교사나 정치인으로 살아갑니다. 어떤 일을 하든지, 무슨 직업을 가지든지, 그 일이 세상에서 하는 일이든, 교회에서 하는 일이든 간에, 어떤 직분을 가지고, 어느 자리, 어느 곳에 있든지 간에 요청되는 것은 그리스도를 따르는 사람으로 신실하게 현존(faithful presence)하는 삶 외에 무엇을 기대할 수 있겠습니까?*

'신실한 현존'의 삶은 기독교로 삶의 모든 영역을 정복하겠다는 '정복주의'도 아니고, 더구나 기피나 '도피주의'도 아니며, 이 세상을 잠시나마 '식민지'로 삼아 통치하겠다는 사상

---

* '신실한 현존'이라는 개념과 관련한 자세한 논의는 제임스 데이비슨 헌터(James Davison Hunter), 《기독교는 세상을 어떻게 변화시키는가: 포스트모더니즘 시대 정치신학의 한계와 가능성》(새물결플러스, 2014), 제3부 참조.

도 아닙니다. 세상으로 보냄 받은 사람은 세상을 정복하거나 식민지로 삼는 것이 아니라 세상 안에서, 자신이 처한 삶의 자리에서 신실하게 거주하는 법을 배워 나가야 하겠습니다. 신실함의 조건 가운데 하나는 자신의 삶에 요구되는 일을 무엇보다 해내는 것이겠지요.

어떤 일에나 요구되는 수준이 있습니다. 최소한의 수준에 이르도록 배웠으면 더욱더 나은 수준에 이르려고 애써야 하겠지요. 탁월성을 발휘할 수 있으면 바람직하겠지만 그렇게 하느라 다른 모든 것을 희생하는 것이 바람직한가는 물어보아야 할 일입니다. 예컨대 학문의 절정에 도달하느라 건강도 해치고, 가정도 돌아보지 않고, 동료들도 무시하는 방식으로 대한다면 그것은 분명 보냄 받은 자의 신실한 삶이라 부르기가 쉽지 않겠지요. 어떤 경우에도, 자신이 하는 일을 자신과 남이 함께 신뢰할 수 있을 정도로 기량을 충분히 발휘하는 것이 중요하다고 하겠습니다.

만일 보냄 받은 자라면 무슨 일을 하든지 자신의 일에 정직과 공정성을 적용하지 않을까 생각합니다. 공정에 대해서는 여전히 사람들이 입에 올리지만 정직은 너무 예스러운 말이 되어 버린 듯합니다. 하지만 정직과 공정은 일의 내재적 성격과 매우 밀접하게 연관되어 있다고 믿습니다. 어떤 일에나 각각의 일에 요구되는 시작과 결과, 절차와 과정, 내용과 기준이 있습니다. 한 분야의 전문가가 되면 자신의 분야에 적어도 무엇이 요구되는지, 어떤 것을 배제해야 하는지, 무엇을 가장 중시해야 하는지 알고 있습니다. 정직과 공정은 이 앎에서 출발한다고 하겠습니다. 이 앎을 다른 말로 '양심'이라 부를 수 있습니다.

농사를 짓는 사람이면 어느 정도 농산물을 내다 팔 수 있는지 알고 있고, 검사이면 어떤 경우에 어떻게 기소해야 하는지 알고 있습니다. 그 분야를 정확하게 아는 사람이 정확하게 아는 대로 서로가 공유하는 기준이 각 분야에 적용할 수 있는 '양심'일 것입니다. 양심은 '공동의 지식'이기 때문입니다. 이 양심을 지키는 것이 정직과 공정성의 출발점일 것입니다. 그렇지 못할 경우 정직은 무시되고 공정성은 파괴되고 맙니다. 부름 받은 자로 이 땅에 사는 그리스도인이라면 한 분야에서 배운 양심을 차마 무시하지 않습니다.

세 번째 생각해 볼 수 있는 것은 모든 일은 혼자 감당해야 할 부분이 있고, 혼자 업적을 평가받아야 할 부분도 있지만 많은 일은 타인과 함께, 공동으로 해야 합니다. 그리고 개인의 이익만을 추구할 수도 있고 공동체의 이익을 추구해야 할 때도 있습니다. 이때 만일 보냄 받은 사람이라면 홀로 맡아 해야 할 일은 홀로 해내되, 언제나 개인의 이익보다는 공동체의 이익을 먼저 고려하지 않을까 생각합니다. 그렇지 못한

동료들을 볼 때 속상함이 분명 있을 수 있으나, 속상함을 무릅쓰고라도 모두에게 유익이 되는 일이라면 모두의 유익을 먼저 생각하는 것이 보냄 받은 자로서 사는 모습이라 하겠습니다. 사람이 알아주지 않아도 은밀한 중에 계시는 하나님이 알아주시며, 사람이 보상하지 않아도 하늘에 계신 아버지께서 갚아 주시리라는 믿음이 여기에 있을 것이기 때문입니다.

신실한 현존을 가능하게 해 주는 것은 결국 '사랑'이라 부를 수밖에 없다고 저는 생각합니다. 이 사랑은 아버지께서 아들을 사랑하시고, 아들이 아버지를 성령 안에서 사랑하신 사랑입니다. 우리를 예수 그리스도의 사랑을 통하여 하나님이 사랑하셨고, 우리도 그리스도 안에서 하나님을 사랑할 때 우리의 모든 삶은 사랑에 의해 이루어집니다.

사랑 때문에 하나님이 예수님을 이 세상에 보내신 것처럼 우리를 이 세상에 보내신 것도 이 세상을 우리를 보내신 하나님 때문에 사랑하게 하시기 위함이라 말할 수 있습니다. 이 사랑을 위해 이 세상 속에서 그리스도인의 자리는 낮은 곳에 처하고 희생하고 섬기는 자리여야 할 것입니다. 한 알의 밀 알 비유가 이것을 너무나 잘 보여 줍니다. "한 알의 밀이 땅에 떨어져 죽지 아니하면 한 알 그대로 있고 죽으면 많은 열매를 맺느니라"(요 12:24).

◇

**이제 이 맥락에서 몇 가지 질문을 함께 생각해 보면 좋
겠습니다.**

1. 내가 또는 우리가 몸담고 있는 영역(정치 영역이든, 사법 영
   역이든, 경제 영역이든, 학문이나 예술, 교육 영역이든, 아니면 가
   정이나 학교나 회사든)에서 하나님 나라의 백성으로, 하나
   님의 자녀로 한량없는 자유를 누리면서 신실하게 현존
   하는 삶을 살기 위해서 무엇을 가장 크고 중요하게 생
   각해야 할까?
2. 내가 또는 우리가 처한 삶의 영역에서 예수님처럼 한 알의
   밀이 땅에 떨어져 죽는 방식으로 살기 위해서 내가 또는
   우리가 먼저 생각하고 실천해야 할 것은 무엇일까?
3. 내가 또는 우리가 신실한 현존의 삶을 이 땅에 살아가
   기를 무엇보다 먼저 생각하고 실천하기 위해서 받아야
   할 영적 훈련(Spiritual Exercise), 영적 형성(Spiritual Forma-
   tion) 과정은 어떤 것이 있을까?

그리스도인이 어디서 무엇을 하든지, 어떤 일을 하든지
그리스도인의 삶의 동기와 목적은 사랑입니다. 인격적으
로 서로 사랑할 뿐 아니라 하는 일, 현실 속의 존재를 통

236

해서 그리스도인은 사랑을 드러낼 수 있습니다. 그 자신이 사랑이신 하나님("하나님은 사랑이시라", 요일 4:16) 아버지께서 예수님을 보내신 것은 사랑 때문입니다. 사랑이 그리스도의 생각과 행동의 동기이며 존재 근거이고 존재 목적이듯이, 사랑이 그리스도인의 생각과 행동의 동기이며 존재 근거이며 존재 목적입니다.

너무 뻔하고, 너무 익숙하게 들리지만 사랑을 만일 제거하면 그리스도를 따라 생각하고 사는 삶의 의미가 완전히 사라지고 말 것입니다. 어디에서, 누구를 만나고, 무엇을 하든지 그리스도인이 생각하고 사는 목적은 사랑 외에, 어떤 다른 무엇도 궁극적이라고 말할 수 있는 것은 없습니다. 이 사랑은 앞에서 쓴 표현을 반복하면 '한 알의 밀이 떨어져 죽는' 사랑입니다.

이렇게 보면 우리 자신의 삶은 얼마나 초라하고 부끄러운가요? 주님의 긍휼이 아니고서는 이 삶을 의미 있게 할 수 있는 것은 없습니다. 그리스도인이 각자 처한 삶의 자리에서 '신실하게 현존'하는 길은 그 자리가 가정이든, 회사든, 교회든, 학교든, 사업장이든, 어떤 곳이든 주께서 사랑하셨듯이 사랑으로 생각하고 사랑으로 행동하며 사는 것입니다. Ubi caritas, ibi deus!(우비 까리따스, 이비 데우스) 사랑이 있는 곳에 하나님이 계십니다.

| 나가면서 |

스크루테이프에게 배우는
그리스도를 따르는 철학

생각에 관해 지금까지 이런저런 방식으로 다루어 보았습니다. 그런데 만일 그리스도인이 어떻게 생각해야 할지, 무엇을 생각해야 할지, 왜 생각해야 할지, 이런 것들을 악마에게 배워 볼 생각을 한다면 어떤 효과가 있을까요? 1장에서 이미 스크루테이프를 등장시켰습니다. "생각하지 않으면 무슨 일이 일어나는가?" 답은 쉽습니다. "생각하지 않으면 악마의 유혹에 쉽게 넘어간다."

교회에서 이 이야기를 하면 어떤 반응이 올까요? 반지성주의가 넘쳐흐르는 교회라면 통하지 않겠지요? 그러면 (지극히 드물지만) 지성주의가 지배하는 교회는 예외일까요? 지성을 내세우면서 어떤 주장의 참임을 입증하기 위해서 경험으로 확인할 수 있는 증거만을 금과옥조로 생각한다면 결과는 비슷하겠지요.

어떤 경우든 악마의 유혹에 넘어가지 않기 위해서 그리스도인이 어떻게 생각해야 할지, 어떤 삶의 가치와 삶의 철학을

238

가져야 할지 악마의 충고에 귀 기울여 들어 보면 어떨까요? 매우 위험스러운 시도이지만 악마 스크루테이프가 조카 웜우드에게 보낸 편지를 곁눈으로 읽어 보면 그 가운데서 소중한 가르침을 얻어 낼 수 있지 않을까 기대해 볼 수 있습니다.

제가 주목하는 것은 '지옥의 철학'입니다. 저는 이것을 '지옥의 존재론'이라 읽습니다. 지옥의 관점, 지옥을 통치하는 악마의 삶의 관점에서 보면 산다는 것, 존재한다는 것은 무엇인가를 설명하는 것이지요. 단적으로 말해서, 지옥의 존재론은 먹느냐, 먹히느냐에 근거해 있습니다. 모든 존재는 먹잇감입니다. 이 세상은 '먹을거리들의 총체'입니다. '누가 먹느냐, 누가 먹히느냐?' 이것이 문제입니다.

열여덟 번째 편지에서 스크루테이프는 이렇게 말합니다.

"지옥의 전체 철학은 '하나의 사물은 다른 사물과 별개'라는, 특히 '하나의 자아는 다른 자아와 별개'라는 원칙을 인식하는 데 있다. 즉 나한테 좋은 건 나한테 좋은 거고, 너한테 좋은 건 너한테 좋은 거지. 누군가 얻은 게 있으면 다른 누군가는 잃은 게 있는 법이다. 심지어 무생물도 다른 사물들을 공간에서 밀어내고 그 자리를 차지함으로써 존재한다. 그러니까 자기가 확장되려면 다른 사물을 밀어내거나 흡수해야만 하지. 자아가 확장될 때도 마찬가지야. 짐승한테 흡수란 잡아먹는 것이고, 우리한테 흡수란 강한 자아가 약한 자아의 의지와 자유를 빨아들이는 것이다. '존재한다'는 것은 곧 '경쟁한다'는 뜻이다."*

지옥의 철학은 이렇게 나는 나, 너는 너, 그야말로 '각자도생'을 삶의 원리로 삼을 뿐 아니라 모든 관계를 경쟁 관계로 보고 이기는가 지는가, 먹는가 먹히는가로 바라봅니다. 그런데 스크루테이프가 조카 악마에게 설명하는 '원수의 철학'은 이와 정반대의 현상을 그리고 있습니다.

"그[원수, 곧 그리스도]가 볼 때 만물은 여러 개인 동시에 어쨌든 하나라구. 한 자아한테 좋은 것은 다른 자아한테도 좋은 것이고. 그는 이 불가능한 일을 사랑이라고 부르는데, 이 천편일률적인 만병통치약은 그 작자가 하는 모든 일뿐 아니라 심지어 그 작자의 모든 성품에서도 … 감지해 낼 수가 있다. … 원수는 또 유기체라는 걸 물질계에 만들어 냈지. 유기체란 각 요소들이 서로 경쟁하게 되어 있는 자연의 숙명을 거슬러 서로 협력하게 되어 있는 음란한 발명품이야."**

악마 스크루테이프의 논리는 (만일 그의 생각을 논리라 부를 수 있다면) 명료합니다. 세상의 모든 것은 서로 분리되어 있다는 생각입니다. 분리되어 있기 때문에 어떤 것도, 어떤 다른 것

---

* C. S. 루이스, 《스크루테이프의 편지》, 105.
** 같은 책, 106.

을 위해 존재하지 않습니다. 모든 것은 각각 자기 자신을 위해 존재합니다. 만일 이것이 옳다면 타자는 자기의 존재에 걸림돌이고 방해일 수밖에 없습니다. 따라서 서로의 관계는 먹느냐, 먹히느냐의 관계입니다.

이 세상을 살아가는 그리스도인들도 이러한 삶의 상황에 절망할 수 있습니다. 아니면 아예 그런 세상이니 내가 먹히지 않고 오히려 잡아먹는 방식으로 살아가자고 다짐하고, 실제로 그렇게 살 수가 있습니다. 내가 무엇을, 어떻게 생각하고 살아가느냐 하는 물음의 답을 서로 연결되고 이어져서 서로 돌보고 세워 주는 '원수[그리스도]의 철학'에서 찾지 않고 '지옥의 철학'에서 찾는다면 어쩔 수 없는 선택일 수밖에 없습니다.

여기에 중요한 진실이 있습니다. '지옥의 철학', 곧 경쟁과 투쟁의 존재론, 다시 말해 "존재한다는 것은 곧 경쟁한다는 것"이라는 철학에 서 있을 수밖에 없는 이유는 악마의 존재, 먹느냐, 먹히느냐는 철학을 가진 자의 존재가 결핍의 상황에 처해 있다는 것입니다. 결핍은 다른 말로 배고픔, 허기라 표현할 수도 있습니다. 채울 수 없는 배고픔, 메꿀 수 없는 허기, 모자람 속에 있는 결핍이 있는 한 생각을 추동하는 힘은 단 하나, 곧 '어떻게 나의 허기, 나의 결핍, 나의 배고픔을 채울 수 있는가?'밖에 없습니다. 그러기 위해서는 모든 것을 나를 향해 끌어들이고, 내가 흡수할 수 있는 방식으로 세상과 타인을 대하는 방향으로 나아갈 수밖에 없습니다. 스크루테이프는 여덟 번째 편지에서 웜우드에게 이렇게 쓰고 있습니다.

"원수는 자신을 작게 복사해 놓은 이 혐오스러운 인간들로 우주를 우글우글 채울 생각을 정말로 하고 있다구. 우리가 원하는 건 키워서 잡아먹을 가축이지만 그 작자가 원하는 건 처음엔 종으로 불렀다가 결국 아들로 삼는 것이다. 우리는 빨아들이고 싶어 하지만 그는 뿜어내고 싶어 하지. 우리는 비어 있어 채워져야 하지만 그는 충만해서 넘쳐흐른다. 우리의 전쟁 목적은 저 아래 계신 우리 아버지[사탄]께서 다른 존재들을 모조리 삼켜 버리는 세상이지만, 원수가 바라는 건 원수 자신과 결합했으면서도 여전히 구별되는 존재들로 가득 찬 세상이야."•

우리 속담에 "쌀독에서 인심 나온다"라는 말이 있습니다. 넘치도록 가진 사람이 타인에게 후하다는 말입니다. 현실은 다를 수 있지만, 분명한 것은 충만함, 넘침의 상태일 때 나의 것이 타인에게 흘러 들어갈 가능성이 그렇지 않을 경우보다 훨씬 더 높다는 것입니다.

• 앞의 책, 54.

그리스도의 존재는 충만함 자체입니다. 그분은 '만유 가운데 만유'이십니다. 어떤 부족이나 모자람이 없습니다. 그러므로 그분과 연합한 사람, 하나 된 공동체는 스크루테이프가 말하듯이 '빨아들이고 싶어' 하는 것이 아니라, 오히려 넘쳐흘러 타자들과 나누어 가지려고 합니다. 그리스도와 하나되어 아버지와 아들과 성령 가운데 만일 거주한다면 삶의 방식, 생각의 방식은 무엇인가 부족한 사람처럼 끊임없이 채우려 하기보다 오히려 넘쳐흘러 타자들과 나누는 방식으로 생각하고 행동할 것입니다.

생각도 중요하고 행동도 중요하지만, 결국 어떤 존재, 어떤 존재 연관 속에 있는가 하는 것이 중요함을 스크루테이프를 통해서 배웁니다. 만일 지옥의 삶의 방식 가운데 있다면 오직 나 중심으로, 지옥이 지향하는 이념, 이데올로기를 중심으로 생각할 것이고, 만일 그리스도와 연합한 삶의 방식에 거한다면 '너는 너, 나는 나'가 아니라 타인의 필요와 고통을 생각하고 나에게 좋은 것뿐만 아니라 타인에게, 이웃에게 좋은 것을 생각할 것입니다. 타인과 이웃에게 좋은 것이 결국에는 나에게, 우리에게도 좋은 것입니다.

끝으로 바울 사도가 빌립보 성도들에게 보낸 편지 가운데 한 구절을 인용하겠습니다.

"주님 안에서 항상 기뻐하십시오. 다시 말합니다. 기뻐하십시오. 여러분의 관용을 모든 사람에게 알리십시오. 주님께서 가까이 오셨습니다. 아무것도 염려하지 말고, 모든 일을 오직 기도와 간구로 하고, 여러분이 바라는 것을 감사하는 마음으로 하나님께 아뢰십시오. 그리하면 사람의 헤아림을 뛰어넘는 하나님의 평화가 여러분의 마음과 생각을 그리스도 예수 안에서 지켜 줄 것입니다. 마지막으로, 형제자매 여러분, 무엇이든지 참된 것과, 무엇이든지 경건한 것과, 무엇이든지 옳은 것과, 무엇이든 순결한 것과, 무엇이든 사랑스러운 것과, 무엇이든지 명예로운 것과, 또 덕이 되고 칭찬할 만한 것이면, 이 모든 것을 생각하십시오"(빌 4:4-8, 새번역).